たった1つの商品で利益を上げる

石川潤治
株式会社ジェイ・イシカワ代表取締役社長

フォレスト出版

はじめに

一点主義なら「どこにも負けない商品」を作れる

焼肉弁当と幕の内弁当。

もしも今、目の前に2つのお弁当があるとしたら、あなたはどちらを選びますか？

実際、シチュエーションによって最適な選択は異なると思います。

例えば、会社の会議で10人分のお弁当を買ってくるように指示された場合、焼肉弁当と幕の内弁当を5個ずつ買ってくることが正解かもしれません。焼肉弁当を10個買ってくるような人はまず出世できないでしょう。また、最近は肉料理ばかりが続いているような人だったら「たまには……」と思って幕の内弁当を選ぶことがベストかもしれません。

この場合の焼肉弁当と幕の内弁当は、あくまでも比喩《ひゆ》表現です。焼肉弁当は何かの専門分野に特化してお客様を絞り込んだ「専門店」の象徴です。一方、幕の内弁当は和洋折衷で万人に受けるメニュー展開をする「ファミレス」だと考えてください。

本書は、そんな2つの選択肢のうちで、専門店に特化するほうを選んだあなたのために書かれた本ですので、もう少し読み進めてみてください。

2020年1月から始まった新型コロナウイルスの世界中な蔓延《まんえん》により、世界はもちろん、日本でも経済が致命的な打撃を受けました。とりわけ、たった1つの商品・サービスを売っていた飲食業や旅行業、航空業、旅館業は大打撃を受けました。

逆に、そんな中でも盤石の安定感を保っていたのが「リスク分散」を行なっていた企業です。

例えば、YAMAHAは楽器の他にバイクや船舶などを製造、繊維メーカーのカネボウも、繊維・化粧品・薬品・食品・住宅の5つの事業を展開しています。

このような企業体をコングロマリット（複合企業体）と言いますが、コロナなどの天変地異の影響で1つの事業がダメになっても、他の事業によって企業体は生き残ることができるのです。

多業種、多商品展開は「リスクヘッジの王道」と言っても過言ではありません。


しかし、このような大原則に反しているのが、私の経営するボロネーゼ専門店「BIGOLI《ビゴリ》」です。BIGOLIでは、本物のボロネーゼ以外のメニューは置きませんし、通販でもボロネーゼ以外の商品は扱っていません。

商品はたった1種類です。

カジノのルーレットには1つの数字に賭ける「一点賭け」と、複数の数字に賭ける「分散賭け」がありますが、言ってみればBIGOLIは一点賭けだけをやっている店だということです。

お客様からも「他のパスタはないんですか？」「サイドメニューのサラダやスープ

はありますか？」と聞かれることがあります。

私はその問いにいつも、声高らかに「ありません！」と答えます。


なぜ、私は1種類しか商品を置かないのでしょうか？

その答えはただ1つ。

「どこよりも優れた本物」を提供したいからです。

そしてそれは、大手チェーンが展開するようなファミレス的な店にはできない、一点主義でこだわりにこだわった最高の味を提供する専門店にしかできないことだからです。


「一点主義になることで、どこにも負けない商品を作ることができる」

これは当たり前の論理です。そして、その戦略は大当たりしました。

おかげさまでBIGOLIのボロネーゼは1日1000食、通販のレトルト商品も含めてこれまでに100万食以上を売り上げています。そして、50を超えるメディアで取り上げられるブランドになり、フランチャイズ（FC）も含めると売上規模は3億円まで成長させることができました。

ルーレットで長く遊ぶためには複数に賭けるほうがリスク分散になりますが、もしも1点に賭けて当たると、最大36倍になって返ってきます。

BIGOLIの場合は、ありがたいことにその〝大当たり〟を引き当てられたわけです。

本書では、私のように「単一商品」に全身全霊をかけ、それを「ヒット商品」にし、収益を上げる方法をお伝えします。

本書のやり方を真似れば、あなたの「こだわりの商品」がたくさんのお客様を感動させる「オンリーワン・ブランド」になるでしょう。

日本人の99%は「本物のボロネーゼ」を知らない

申し遅れました。ボロネーゼ専門店「BIGOLI」を運営する石川潤治《いしかわじゅんじ》と申します。

私の会社の名は「株式会社ジェイ・イシカワ」なのですが、混乱を避けるために本書ではBIGOLIで統一して話を進めたいと思います。

冒頭からいきなり会社自慢のようなことを言ってしまいましたが、本書は決してそのようなためのものではなく、モノが売れない時代に、モノを売るためのたった1つの戦略をお伝えする本です。

少し、私の自己紹介をさせていただくと、私は大手外資系IT企業、大手映画会社、大手アパレルメーカーを経て、現在の飲食の道に入りました。

それまで誰でも名前を聞いたことのある大手企業に勤めながら、40代半ばで夢だった飲食業に文字どおり〝脱サラ〟をして飛び込みました。

そのときに商品として選んだのが「ボロネーゼ」でした。

実はこのボロネーゼですが、日本人の99％が「本物のボロネーゼ」を知らない現状にあります。

あなたはボロネーゼと聞いてどんなものを思い浮かべますか？

「マイナビニュース」の調べによると、日本人の好きなパスタの第1位はカルボナーラです。次いでペペロンチーノ、ナポリタン、たらこスパゲティと続き、第5位にボロネーゼがランクインしています。

他にもたくさんの種類があるパスタの世界において第5位にランクインしているにもかかわらず、私はあえて99％の日本人が本物を知らないと断言できます。

なぜなら、ここにランクインしているボロネーゼを99％の日本人が「高級なミートソース」だと勘違いしているからです。

ミートソースとボロネーゼ、この2つには大きな違いがあります。

本来、ボロネーゼという言葉は「ボローニャ風」という意味です。イタリアの都市ボローニャが発祥で、正式名称は「ラグー・アッラ・ボロネーゼ」です。

ボローニャの富裕層がフランスの煮込み料理「ラグー」をモデルに作らせたのが起源と言われ、香味野菜をオイルで炒め、じっくり焼いた肉とワインを合わせたソースが使われた〝肉料理〟です。

一方、ミートソースは、戦後アメリカの進駐軍によって日本にもたらされました。元々はイタリア移民がアメリカに持ち込んだものでしたが、さらに日本に入ってきてからは、日本人の舌に合うようケチャップや砂糖で甘みを追加し、アレンジされたものなのです。

そしてそれを、（ここからは伝聞ですが）バブル経済で景気が良かった頃に「ボロネーゼという名前にしたほうがオシャレだし儲かる」ということで、レストランが一斉にミートソースをボロネーゼと表記し始め、それによって「ボロネーゼ＝高級ミートソース」になったと言われています。

日本のお寿司が海外に渡り、現地の食文化に染まっていった結果、フルーツが乗った「SUSHI」が生まれたのと似た変遷を辿ってきていたのです。

そんな中で、BIGOLIでは本来のレシピに敬意を払いながら製造を行ない、本物のボロネーゼを砂糖不使用、無添加で提供・販売しています。

現在までにBIGOLIのボロネーゼは100万食以上を達成しています。

日本人の人口は約1億2600万人。そのうちの100万食（のべ100万人）が食べられ、本物の味を広めることができました。しかし、約1％の日本人だけが本物の味を知りましたが、残り99％の日本人は未だに本物を知らないことになります。

採算度外視でも利益を出せる たった1つの冴えた戦略

モノが売れない時代にモノを売るためのたった1つの戦略。

本文に入る前に、先に結論をお伝えします。

これからの時代に売れる商品は「プレミアムリッチ商品」です。そして、大手企業ではない私たちが売り上げ、勝ち上がっていくためには「一点突破」の戦略が必要になってきます。

つまり、「一点突破×プレミアムリッチ戦略」です。

私はこれを「ボロネーゼというプレミアムリッチ商品」と「それしかやらない一点突破戦略」で直営店＋フランチャイズ本部も構え、加盟店数は30を超えるまでになりました。

本場のボロネーゼを作るには、調理方法や肉の量においても手間とコストが非常にかかります。大手企業がこれをやろうとすると、情熱も採算も合いません。

ですが、私は当初から「採算度外視」で本場の味を再現する「本物のボロネーゼ」を追求しました。そして、生産と販売の効率的な仕組みを作れば、原価率の高いこだわり商品でも、きちんと利益を出すことが可能だとわかりました。

詳しくは本文内でお伝えしていきますが、これらの戦略は「ランチェスターの法則」の「弱者の戦略」をベースにしたものです。

大手企業がブランド知名度や資本力を活用して大々的に広告を打ったり、多商品展開でマスにお客様を開拓していく「強者の戦略」なのに対して、私たち中小規模事業者、個人事業主、個人店レベルの飲食店や小売店は、ブランド知名度でも資本力でも大手企業には勝てませんから、別の方法を取るしかありません。

それが「弱者の戦略」です。

本書風に言い換えるなら、それはニッチを攻め（一点突破）、それにとことんこだわって（プレミアムリッチ商品化）、お客様と密にコミュニケーションを取りながら売っていくやり方になります。

しかも、それは現代の情報過多社会、SNS社会にマッチしており、情報の拡散やシェアが起こりやすい、賞賛が集まりやすい、などの社会構造を考えてもベストな方法なのです。

私は本書のメソッドを通して従来のビジネスの常識を覆し、「売れない」が「売れる」に変わる方法論を、読者のあなたに体験してもらいたいと思っています。

私の作ったボロネーゼのように実践的で本物の情報がギュッと詰まっていますので、ぜひ、この本をおいしく召し上がって大成功を勝ち取ってください。

また、それに伴い、日本にある「偽物のボロネーゼ」（あえて言わせていただきます）を本物のボロネーゼに置き替えたいとも考えています。それを武器に、今以上に業界で勝負し、食べてくださるお客様に喜んでいただきたいと思っています。

私のミッションは、「ミートソースに影響を受けすぎた和製ボロネーゼをなくし、本物のボロネーゼを浸透させること」です。本書の内容が、あなたに〝本物の味〟をお伝えする一助となれば、これに勝る喜びはありません。

たった1つの商品で利益を上げる◎目次

第1章　コロナ後の消費行動変化とビジネスの新課題

第2章　100倍売れるビジネスモデルを見つけよう

第3章 いかにしてプレミアムリッチ商品を生み出すか？

第4章 プレミアムリッチ商品ならではの強みとメリット

第5章 専門店として成功した数々のプレミアムリッチ商品

第6章 良い商品なのに行列ができない店の本当の理由

第7章 プレミアムリッチ商品が陥りがちな落とし穴

第8章 プレミアムリッチ商品の出発点は「遊び心」と「好奇心」

装幀◎河南祐介（FANTAGRAPH）
本文デザイン◎二神さやか
出版プロデュース◎吉田浩（天才工場）
編集協力◎潮凪洋介
DTP◎株式会社キャップス

第1章

コロナ後の消費行動変化とビジネスの新課題

新橋駅前から
酔っ払いサラリーマンが消えた日

東京・新橋と言えば「サラリーマン」の街。

テレビ番組でサラリーマンたちへ街頭インタビューをする定番の場所であり、駅前西口広場——通称「SL広場」は新橋駅のシンボルであり、周辺には山のように飲食店があります。

私はこの近く、ちょうど新橋と虎ノ門との中間辺りの西新橋に事務所を構えていましたが、コロナ禍の新橋では、すっかり変わってしまった風景を日々、目の当たりにしました。

コロナ禍前は明け方に近くを通ると、飲み明かしたサラリーマンやOLがSL広場で酔い潰れ、スマホを数メートル先に飛ばして倒れている光景を何度も目にしました。

ただ、このような風景はコロナ禍ですっかり消えてしまいました。

2020年1月から始まった新型コロナウイルスの世界的なパンデミックによって、

日本でも緊急事態宣言の連発と自粛の連続、加えて飲食店への営業制限攻撃ですっかり夜の灯りは消え、そこを往来する人々の姿もなくなってしまいました。

社会そのものもリモート勤務が一気に加速し、そもそも会社に行かずに自宅で仕事をする。極力、外に出るのを控えるため食事や買い物をUber Eatsやネットショッピングに切り替える。出社をしたとしてもお弁当を持参したり、テイクアウトして社内で食べたりすることが習慣になりました。

最も自粛が厳しい時期は、周囲からの〝目〟も、調和を重んじる日本人の行動に大きく影響を与えました。例えば、大手企業の社員であれば社章をつけているため、外食をしようものなら「あそこの社員が外で食事をしていた」と噂が立つ可能性があります。

そこで社内ルールとして外食ランチや退社後の飲み会を禁止するなどの動きもありました。そういう象徴的な社会の動きが加速し、結果として人の往来が抑制されてしまうことになったのです。

そして、2022年、日本では3年ぶりに行動制限のないゴールデンウィークを迎えました。以前のような活発な人の動きが完全に戻ったかと言うと、必ずしもそうではありません。年が明けて２０２３年になっても、コロナ禍前に完全に戻ったとは言い難い状況が続いています。というか、コロナ禍をきっかけに、文化、習慣が変わった、常態化したと言えるのかもしれません。

これは、新橋に限ったことではなく、日本の飲食店や繁華街で起こっている現象と言えます。

飲食店のビジネスは180度の転換を求められている

そんな状況のもとで、店舗側が努力を怠っているかと言うと、そんなことはありません。

むしろ、生き残るために必死に考え、「店に来てくれないなら持ち帰って（持って行って）食べてもらおう」と、多くのお店でテイクアウトや宅配に対応するようになりました。

その証拠に、２０１６年9月に東京で１５０のレストランをパートナーにスタートした、宅配事業の「Uber Eats」は、約5年で10万店を超えるまでに成長しました。東京だけだった宅配エリアも全国35都市まで拡大し、今や街を歩けばかなりの確率でUber Eatsの保温バッグを背負った自転車やバイクを見かけることができます。

同じように「出前館」も、登録加盟店数が7万店を突破したと発表しました。売上も前期から約3倍の約290億円を達成しています。

ちなみに出前館もUber Eatsと同じような新しい企業に思えるかもしれませんが、実は1999年からある老舗企業です。新型コロナウイルスをきっかけに、その売上と知名度を大きく伸ばしたのです。

このデリバリー企業の活況には、多くの飲食店が宅配業務に切り替える、または既存の事業に追加する形で参入した背景もあります。

デリバリー事業に加え、テイクアウトする人も同様に増えています。

有名グルメサイトの調査では、約3000人の会員の6割が直近の1カ月でテイクアウトを利用、コロナ前はテイクアウトの利用回数が「数カ月に1回以下」と答える人が約6割を占めていましたが、コロナ後は「月1回」と答えた人が一番多い結果になっています。

また、それまでテイクアウトをやっていなかった周辺の飲食店の多くもテイクアウトに参画しています。チェーン店だけでなく古くからある街の中華屋さんレベルでも、新たに「テイクアウトやってます」というＰＯＰや手書きの貼り紙をしているところが確実に増えました。コロナが収束しつつある２０２３年に入っても、テイクアウトは当たり前のサービスとなっています。


これらの動きは私には「そうしないと生きていけない」という店舗側の悲鳴の声に聞こえます。宅配やテイクアウトに対応していかないと、売上を維持できない。それだけお客様が〝お店に食べに来て〟くれなくなってしまっているのです。

その状況から言えるのは、新型コロナウイルスの登場により、飲食店は、過去のやり方とは１８０度変えることが求められているということでしょう。

これは単に飲食店だけの話ではありません。

小売業など実際にお客様が店舗で買い物をするような業態であれば、総じて人を集めるのが難しい状況になりました。

釈迦に説法ですが「売上＝客数×客単価」という方程式があります。その片方の客数を失わざるを得ない状況になってしまったのです。

リカバリー策として宅配やテイクアウトを実施して売上減少の下げ止まりを行なおうとしても、コロナ禍ではそもそもそこにお客様を集めること自体を禁止されてしまっていました。

「店が潰れること＝文化が消えること」である

これまでの度重なる自粛要請によって、実店舗のほとんどが売上ダウンの憂き目に遭いました。

その一方で、見過ごしてはいけないのが「人」の問題です。

仮に倒産を免れた店舗でも、そこで働く人たちの心が折れているケースを、コロナ禍の頃に多々見かけました。

私の運営するBIGOLIの加盟店の1つである株式会社COMATSU《コマツ》さんは、九州・

博多を中心に十数店舗を展開する居酒屋さんです。「一期一会」を大切に、面接で惚れ込んだ人材だけを雇い、お客様に対しても熱い想いとありったけのおもてなしの精神で商品・サービスを提供しています。

コロナ禍においては、このCOMATSUさんも休業要請や時短要請に見舞われました。

一部店舗は休業対応しており、要請に従って短縮営業をしたりした結果、売上のダウンに加えて、この店の良さが殺されてしまったのが「人の問題」でした。

お客様が来ない飲食店には、掃除ぐらいしかやることがありません。

店を開けられない、開けても人が来ないような状況では、会社側としては人を削らざるを得ません。「ちょっと休んでいてくれ」と休業手当を渡して休暇を出しても、期間が長くなればなるほど会社側は保障することがきつくなります。社員たちも、生活のために他の仕事をせざるを得なくなったり、アルバイトたちも他へ行かざるを得なくなったりします。店舗側としては、それを止める手立てはありません。

また、同社ではそれまでは月1回、東京と福岡を往復して店長会議や勉強会を行い、東京で最新の飲食事情を視察するといったイベントがありました。しかし売上の低迷や移動制限もあって1年以上もそれが自粛となり、職場からは活力やおもしろさがどんどん削がれてしまいました。

COMATSUさんは、商品力もさることながら店員の人間力が魅力のお店です。温かみのある接客を得意としているため、その良さを伝えるには人と人との触れ合いが不可欠です。ですが、人を集めてはいけない、盛り上げてはいけない、接触をできるだけ減らさないといけない、といった風潮によってCOMATSUさんの「良さ」が死んでしまいました。

COMATSUの理念に共感した大事な人材を削らざるを得ない状況は、COMATSUさんが誇ってきた文化の消滅につながっているのです。

このような状況に陥っているのは、何もCOMATSUさんだけではありません。実際にコロナ禍によって多くの老舗や名店と呼ばれる店舗が閉店しました。

ビアレストランの草分けであり、松本清張の小説にも登場した有楽町「レバンテ」。歌舞伎座前にて多くの役者や観客から愛された弁当屋の銀座「木挽町辨松」。あられ菓子発祥の店で知られる創業135年の浅草の老舗和菓子店「評判堂」。

江戸期に創業された175年続いた西新井の老舗「割烹 武蔵屋」。

これらの店の消滅は、単に店舗が潰れただけでなく、そこに根づいていた人々の生活や習慣、何よりも文化まで潰れたことを意味します。

私はこのような文化の衰退に心を痛めるとともに、少しでも食い止めたいと知恵を巡らせています。

コロナ禍で売れなくなったもの、売れるようになったもの

ここまでお伝えしてきたコロナ禍による世相の変化は、飲食業や小売業の世界では「消費傾向の変化」とも言い換えることができます。

自粛によって人々は、必然的に〝外で〟お金を使うことが減った分、自宅で過ごす「おうち需要」として別のものにお金を投じることになりました。つまり、売れる商品と売れない商品に格差が生じてしまったのです。

わかりやすい例が化粧品です。

コロナ禍になって売れなくなった化粧品の第1位は何かご存じでしょうか？

２０２０年で最も苦戦したものが「口紅」です。金額では前年比の44％と、半分以下になったそうです。他にも「チーク」が前年比66％で約4割減、「ファンデーション」が68％で約3割減となっています。

一方で、最も売れたものが「マスク」です。

もうおわかりかと思いますが、コロナ禍によって一日中マスクをする世界になったことで、外出の際に口元の化粧品が売れなくなった（口元の化粧をする必要がなくなった）のです。

同じ化粧品カテゴリーでも、目元を彩るアイブロウやマスカラなどは下げ幅が前年比90％と小さいため、マスクの影響は軽微だったようです。

他にも、レジャー系では「酔い止め薬」が売れなくなりました。相次ぐ緊急事態宣言で旅行に行けなくなったため、乗り物酔いをすることもなくなったのでしょう。

逆に、レジャー系でも売れるようになったものもあります。おうち需要によるソロキャンプが流行ったこともあり、ランタン、スタンドライト、ホットサンドメーカー、飯盒、万能スパイスなどが売れたようです。

自宅の庭でキャンプをしたり、3密が避けられるソロキャンプに行ったりする動きが広がったことで、これらの商品の需要が伸びたのです。

おうち時間を彩る商品が売れるようになった

外出自粛の影響は、キャンプ用品や化粧品の売上変化に留まりません。自宅で過ごす時間が増えたことで、室内環境を充実させるような商品が売れるようになりました。

例えば、リモートワークの背景用に壁紙を変える、美肌に映るリングライト(自撮りライト)や高性能なマイクを導入する、などの動きが広がり、これらの商品は売れ行きが好調のようです。

書籍に関しては、文芸書やビジネス本は売れているようです。

家でじっくり読める時間が増えたため、ビジネス書は今までは比較的文字数が少ないほうが気軽で売れる傾向がありましたが、現在はむしろ文字数が多く、中身の詰まったものが売れているようです。

さらにおもしろいのは絵本の売上です。これまでは図書館で借りていたものが、「人の手に触れていない新品が子どものためにもいい」という考え方に変わり、新品が売れるようになりました。自粛生活で浮いたお金を子どものために使う親心が見て取れます。

他にも、おうち時間を快適に過ごすために、お金の流れがＤＶＤレンタルからNetflixやAmazon Primeビデオなどのサブスク系に移りました。外出してTSUTAYAなどのレンタルショップに借りに行くことがリスクになってしまったからです。

自宅生活によるコロナ太りを解消するために筋トレグッズが売れたり、Nintendo Switch用フィットネスソフト「リングフィットアドベンチャー」が売れたり、トレーニングの効果を倍増させる期待からか、プロテインも過去最高の売上を上げたりしているようです。

健康意識と安心安全の食材ニーズが高まっている

消費傾向の変化は食品にも及んでいます。

外食が減り、自宅での料理が増えたことによって、スーパーマーケットの売上は伸びています。

これはあくまで私の予測ですが、自炊が増えたことに伴って消費者の健康志向にも変化が起きたと考えています。

一般的に外食をするとき、出された料理に何が入っているかを消費者は知ることができません。提供する側も、スーパーの商品や総菜のように原材料を細かく明記する必要はありません。

ですが、外食を控えて自炊にする場合、これまでの反動で「できるだけ健康的なものを購入しよう、使用しよう」という意識が働くことが想定されます。調味料は無添加の良い商品を選んだり、食材でも健康にプラスになるグレードのものを買ってみたり、などの変化が起こっていると考えられます。

EC市場は、コロナ禍の恩恵を受けた代表例

さて、ここまで実店舗の現実をお伝えしてきましたが、逆にコロナ禍によって市場が活性化した（今まで以上に伸びた）業界も存在します。

その代表格がＥＣ市場です。ＥＣとはElectronic Commerceの略で「電子商取引」のことです。ネット通販やネットショップの総称と考えてもらえばいいでしょう。

公益社団法人日本通信販売協会（JADMA）が発表した通販市場売上高調査によると、２０２０年度の通信販売の売上が10兆円を超え、前年比20％超アップだそうです。22年連続で増加が続く勢いのある市場ですが、20％以上の伸びがあったのは調査を開始した１９８２年以降初めてのようです。明らかにコロナ禍が追い風になったのでしょう。

私自身、ＥＣサイトは大好きで昔からかなり使っているほうですが、それでもここ2～3年は使う量が増えたと感じています。

理由は簡単で、人に会わず、外に出ずに買い物ができるからです。コロナ禍をきっかけに、高齢者などこれまでECに無縁だった層を取り込んだことも容易に想像ができます。

着目すべきは、**コロナ禍でも消費者はお金を使わないわけではなく、使い方を変えている点**です。

リモートワークが加速して化粧品や洋服を新しく買う必要がなくなったり、飲み会がなくなって外食費が減ったりすると、代わりにそのお金を自分の占有空間＝おうちを充実させるために使おうとします。もしくは、空いた時間を潰すために趣味に転じる人もいるでしょう。

例えば、リモートワーク用の周辺機器を買ったり、掃除機をちょっと高性能なものに替えたり、身近なグッズを充実させようとします。

また、コロナ禍ではプラモデル――特にガンプラ（ガンダムシリーズのプラモデル）の転売が問題になりましたが、これもおうち時間を模型で楽しむ需要を狙ってのものだったりします。

そして、何より重要なのが、これらの**消費者の行動変化は、実店舗ではなくECサイトが代替してしまっている**ことです。

例えば、これまで限定商品を買おうと思ったら、店舗側は朝から店の前に並んでいる消費者に整理券を配っていました。整理券が途中で終わっても行列に並んでいた消費者は帰らず、「せっかく足を運んだのだから」と店の中を一周してくれます。それによって何かしらの消費が起こっていたのです。

ところが、実店舗の集客ができなくなったことでやり方を変えざるを得なくなりました。

その方法がECサイトでの抽選販売です。わかりやすいのがPS5（PlayStation 5）の予約販売でしょう（転売対策としての側面も大きいようですが）。ソニーのECサイトのほか、各家電量販店のECサイト、AmazonなどのECモールでも購入権を抽選で行ない、当選者にだけ販売をしています。

これらECサイトの台頭によって、実店舗はさらに苦境に立たされることになると私は考えています。

これまでも「商品をネットで見つけて、実店舗で実際の商品を確認し、結局はネットで安く買う」という実店舗には苦しい実態はありました。ところが、これからは実店舗にすら来てもらえない世界になりつつあります。

ＥＣは消費者の生活にどっしりと根付き、もはや無視できない存在となったのです。

市場の変化はビフォーコロナに戻るのか？

前述したとおり、２０２２年のゴールデンウィークは久しぶりに行動宣言がない状態となりました。海外でもマスクなしで野球観戦をする映像などを観る機会も増えました。

ここで1つ、これからの未来に向けての質問です。

本書が出版された時点、つまり２０２３年4月時点の市場は、果たして２０１９年末までの「ビフォーコロナ」状態に戻っているでしょうか？

私の答えは「ＮＯ」です。

日本には「覆水盆に返らず」ということわざがあります。「一度起きてしまったことは二度と元には戻らない」という意味ですが、市場の変化も同様で、一度起こってしまった変化は元には戻らないと私は考えています。

今、外に出れば必ず一度は見かけるUber Eatsの自転車やバイクが、この先1台も見かけないようなことにはならないはずです。宅配ビジネスの勢いは衰えないでしょう。

他の例で考えてみればよくわかります。

もう私たちはAmazonや楽天のない生活はできなくなっています。NetflixやAmazonPrimeビデオを解約して、再びTSUTAYAにＤＶＤやＣＤを借りに行く生活はできないでしょう。同様にＬＩＮＥやFacebookメッセンジャーを使わずにＥメールや電話だけのコミュニケーションもできなくなっています。

そもそも、インターネットを使わない、スマートフォンを持たない生活はもはや現代人には不可能でしょう。

つまり、コロナ禍に限らず、何かをきっかけに人は新しい〝良い経験〟を享受《きょうじゅ》してしまうと、特に理由がない限りは継続してしまうものなのです。

そう考えると飲食の実店舗もまた、かつてのような喧騒《けんそう》を取り戻せるかと言うと、正直難しいと私は考えています。

時短制限もなく通常営業ができるようになった都内の居酒屋は、賑わっているところも多いです。とはいえ、コロナ禍前のような二次会に流れるお客様は減りました。

社会が大きく変わり、市場が大きく変わった世界は、言ってみれば多くの消費者が変化によるストレスに慣れ、むしろ「これでもいいじゃないか」と気づいてしまった世界と言い換えることができます。

飲み会に行かなくてもいい、外食をしなくてもいい、深夜までバカ騒ぎしなくてもいい、リモートメインで毎日オフィスに行かなくてもいい、化粧をしなくてもいい、外食じゃなく自炊か宅配でいい、実店舗にまでわざわざ行かなくてもいい……。

コロナ禍によって起きたこれらの変化は、形を変えながら多少はビフォーコロナに戻るとは思いますが、完全に元に戻ることはないでしょう。

ですから、私の答えは「NO」となるのです。

客数ビジネスから客単価ビジネスへの戦略転換

そんな変化が起きた市場の中で、私たちは新しいビジネスモデルを考えていかなければいけません。社会の変化を悲観的に見ているだけでは、そこで思考は止まります。見方を変えて、変化を正しくキャッチできさえすれば、新しいビジネスの兆しも見えるからです。

なぜなら、先述のとおり「人はお金を使うから」です。

「消費傾向の変化＝お金の使い道が変わった」というだけなのです。「新しいお金の使い道ができた」と言い換えてもいいでしょう。

これを実店舗で考えてみると、売上＝客数×客単価の「客数」が落ち込むという前提では、「これまでのやり方で獲得する客数」だけではビジネスは伸びないことになります。

となると、考えるべきなのは「客単価」です。

「そんなこと言ったって、集客ができなければ客単価を上げようがないじゃないか」

そのような反論もあるかもしれません。

確かに集客は別途考えなくてはならない問題ですが、消費傾向が今までよりも多様化してしまっています。変化した消費傾向に対応できない商品のまま集客方法だけを工夫したところで、今までどおりに売上を作るのはそもそも難しいでしょう。

優先すべきは、**新しく客単価を稼げる商品を考えていく**ことです。

そのためには、普通の商品では勝負できません。

アフターコロナの市場では、注目を集めるもの、引きのあるもの、普及品より少し高品質な商品で客単価を上げ、商品を武器に集客する方式で売上を上げていく必要があります。そのための戦略が必要です。

例えば、飲食店ではテイクアウトを実施した店が多数ありましたが、テイクアウト商品になると、どうしても価格を下げざるを得ません。なぜなら、競争相手が同じ飲食店ではなくコンビニになるからです。

コンビニに行けば、そこそこおいしいお弁当が500円くらいで売られています。ですが、飲食店がクオリティを維持したまま500円で売ろうと思うと、かなりの自助努力が必要になります。容器代1つとっても50〜80円くらいになりますから、商品そのものの価格は400円台にしなければいけません。

仮に、その価格で出せたとしてもそれほど利益率は期待できません。

だからこそ、普及品よりもいいものを作り、ライバルに負けない「これだ!」というキラーポイントがある商品を打ち出す必要があるのです。

最近は、コンビニでさえもPB商品（自社ブランド商品）でちょっとリッチな弁当やパンやスイーツを出しています。**安くてボリューミーな商品から、価格は上がるけど高級感のある商品への転換**――これは客単価を上げるための基本戦略です。

ライバルのコンビニがそのような戦略をとっているのに、飲食店側が変わらないでいたら、その差は開く一方でしょう。使われなかったテイクアウト容器がいつまでもバックヤードにうず高く積み上げられたままになってしまいます。

このような事態を避けるためにも、客単価を上げる戦略を改めて考案する必要があるのです。

第2章

100倍売れるビジネスモデルを見つけよう

たった1人でも、億単位のお金が稼げる時代になった

第1章の最後では**「客数から客単価ビジネスにシフトしましょう」**という趣旨のことをお伝えしました。

第2章では、もう少し視野を広げて、社会がどのように変化していて、それがこれからビジネスを始める私たちにどのようなプラスの影響があるかについて考えていきます。

2020年になって、新たに社会に登場した言葉があります。

それが「FIRE」です。特に20～30代から注目を集めている言葉で、「Financial Independence, Retire Early」の頭文字を取り、意味は「経済的自立と早期リタイア」となります。アメリカ発祥のムーブメントですが、日本でもかなり浸透してきています。

そのきっかけの1つになったのが、この10年ほど世間を賑わせているYouTuberの

存在です。

HIKAKINやはじめしゃちょーといった超有名どころになると、1本の動画で数十万回、数百万回の再生回数を叩き出し、YouTubeから得られる広告収入やその他の収入で、年収が数億円になると言われています。

今後、YouTubeの収入が減ってきたとしても、億単位の資産を持っている彼らは、資産運用として回していくだけでも不労所得として数百万円単位のお金を年間に受け取ることができます。文字どおり「働かなくても自由に生きていける環境」を手に入れていると言えるでしょう。

もちろん、すべての人が彼らのような超人気者になれるとは限りません。むしろ、ほんのひとつまみの象徴的な存在が彼らなのだと思います。

FIREの考え方ではあらかじめリタイア後に必要な資産を計算し、働きながら資産運用をして目標額まで蓄えていくことが達成へのステップと言われています。

資産運用をするためには、元手となる資金が必要です。

働いて稼いだお金の一部を資産運用に回していくのが一般的ですが、今の世界を見渡すと、その「元手資金」を稼ぐ方法もたった1つとは限らなくなっています。

例えば、先述のYouTubeがそうです。他にも、PocochaやSHOWROOMや17LIVEなどのアプリがあります。ライブ配信（生放送）を通して何らかの芸や特技、トークなどを披露し、投げ銭をしてもらうことでお金が稼げたりします。有名になるとアイドルのようにファンが発生し、ファン同士が交流したり、推しを競い合ったりする熱狂も起こせます。

本書はFIREのやり方をレクチャーしたり、動画でお金を稼ぐ方法をお伝えしたりする本ではないので詳しくは割愛します。

私が強調したいのは、**今や芸能人でなくても有名になれたり、お金を稼いだりできる時代だ**、ということです。

これまでは、能力を持っている人が自分の芸や特技を発信しようとしても、その方法は限定的でした。それこそ、ミュージシャンの「ゆず」や「コブクロ」が路上演奏から人気が出てメジャーになったように、道端で芸を披露し、「目の前を通る人たち」という最小の分母から、少しずつ支持を集めていくしか方法がありませんでした。

ところが、現代ではそれがもっと簡単に、しかももっと広い分母に対してアプローチできる時代になったことはご承知のとおりです。

これまでも、歌がうまかったり、演奏がうまかったり、絵がうまかったり、おいしい料理を作れたり、人を魅了するおもしろいトークができたり、めちゃくちゃモテたりと、何かしらのスキルや芸を持った人はもちろん存在していました。

彼らが容易に日の目を見やすくなったのが、SNS登場以降の大きな変化です。

現代の世界では個人であっても小さな店であっても、発信力さえ身につけてしまえば支持が起こり、賞賛が集まり、そこにお金までついてきます。そして、その世界では億単位のお金を稼ぐことも決して夢ではなくなっていると私は考えます。それは誰もが与えられたチャンスでもあります。

凝り性でオタクなほうが「新しい勝ち方」ができる

この変化は、言うなれば、何かを突き詰める「オタク」と呼ばれる人たちが地位やお金を手に入れられる時代になった、との見方もできます。

かつては、「オタク＝気持ち悪い」と見なされていた時代でした。

ところが、インターネットメディアやSNSの発達によって、今ではこのオタクは、かつての気持ち悪い人ではなく、おもしろい人という存在になっています。そこには多様性を認める社会文化の影響もありますが、オタクそのものの世間認知が変化していると言えます。

今、オタクは「何かの物事に対してとてつもなく造詣が深い有識者」という認識が持たれるようになりました。かつては知識を披露しようものなら「気持ち悪い！」と言われていたものが、「すごいじゃないか！」と賞賛を浴びるようになったのです。

しかも、先述のように分母が広がったことで、それまで100人に1人が「いや、これはすごいぞ」と言っていたのにすぎなかったものが、1万人、10万人、100万人以上が注目をするようになっています。たとえ1%の人からしか支持を得られないとしても、分母が広いので絶対数としては多くの支持を得ることができるため、ビジネスとして成り立つようになったのです。

オタクであることは、ある意味で「凝り性」であることを意味します。

そのオタクの象徴として世界的に成功した人物と言えば、Facebook（現Meta）社のマーク・ザッカーバーグが挙げられるでしょう。ザッカーバーグはハーバード大学在学中にＳＮＳサービス「Facebook」を立ち上げ、２０１０年には「ＴＩＭＥ」誌にて「パーソン・オブ・ザ・イヤー」に選ばれました。

デヴィッド・フィンチャー監督の２０１０年公開の映画「ソーシャル・ネットワーク」では、Facebook社の設立とそれに伴う訴訟が描かれています。ジェシー・アイゼンバーグが主演してザッカーバーグを演じていますが、映画の中でザッカーバークはうまく人とコミュニケーションが取れない「ギーク（技術オタク）」として登場しています。

他にも、今の私たちが１つくらいは家の中にあってもおかしくないApple製品を作った「２人のスティーブ」ことApple社のスティーブ・ジョブズとスティーブ・ウォズニアックも、ある種のオタクと言えます。前者はエピソードに事欠かないほどの異常なまでの凝り性で、後者は「ウォズの魔法使い」と称されるほどのオタクだったことは広く知られています。

オタクである彼らが、世界を揺るがすほどの成功者であることは言うに及ばないでしょう。

私が主張したいのは、**これからの世界では彼らのような凝り性、オタクな人たちこそが新しいビジネスモデルを作り、そのビジネスを成功させ、地位もお金も手に入れやすい**、ということです。

少なくともオタクであること、凝り性であることは社会的に不利ではなく、むしろ有利に働く世界になっていくでしょう。

大手企業が追随できないことをやり、ムーブメントを作り、そこに一般の人たちの支持が集まり、今の時代らしい新しい勝ち方ができるようになると考えています。

会社員でも新しい勝ち方を考えるべき時代

2021年9月9日。経済同友会のセミナーにて、サントリーHDの社長、新浪剛史氏が「45歳定年制にして個人が会社に頼らない仕組みが必要だ」という主旨の問題提起をしました。

この「45歳定年制」は、ニュースで取り上げられたこともあって瞬く間に広がりました。世間の反応としては「リストラの口実だ」「給料を抑えたいだけだろう」「45歳からの転職がどれだけ厳しいかわかっているのか」などの反論が多く、ネット上で炎上を引き起こしました。

結局、新浪社長は翌日の記者会見で釈明することになりました。

また、もう1つの興味深いニュースとしては、みずほFG（ファイナンシャルグループ）がメガバンクとしては初の副業・兼業を2019年10月から解禁したことです。さらに、希望者に対しては週3〜4日で働ける制度も導入しました。

「副業を通じて会社では得られないスキルや知識を身につけてもらいたい」という思惑があったようですが、一方では終身雇用を廃止するための流れを汲んだ意図もあるようです。

これらの出来事の是非はともかくとして、私はニュースを見ていて「もう日本の会社は社員を守ることができないのではないか」と感じました。

かつての日本社会は、ほとんどの男性が会社に就職し、そこで一生を終える世界でした。会社側も「うらが全部守ってあげるから、あなたはうちのために全力投球してください」という趣旨で、給料や出世、定年後のことまで面倒を見て、それによって「男は稼いで女は家庭を守る」という世界が成り立っていました。

ですが、25年以上続くデフレによってその神話が破壊され、企業に勤めている一会社員であっても、これまでの安定を享受し続けられない可能性が出てきました。

GDPは横ばいで、給料も額面上では上がっていても、消費増税を含めて物価も上がっているため実質的な賃金は横ばい、もしくは下落している中で、高度経済成長期のような華やかな生活様式は難しくなっています。

1つの会社の終身雇用に危うさを覚えた人々は、何とかお金を稼ごうと副業をするようにもなりました。2018年に、政府が「副業・兼業の促進に関するガイドライン」を定めた「副業元年」が訪れたあとは、個人の側にも「1社にしがみついていては、将来の自分の人生が危ぶまれる」という危機感が生まれたことでしょう。

会社側が社員たちの面倒を一生見られない可能性が、公共財レベルの大手企業においても出てきた時代です。店舗を運営しているオーナーや、自分で小さなビジネスをしている個人事業主はもちろんのこと、副業を考える会社員一個人でさえも**「上手に生きていくための準備」**を今からしておかなければならないのです。

ただ光があるのは、先述のとおり、個人でも強みを発信し、お金を稼げるよう時代になったことです。新しい勝ち方に着目しさえすれば、既定路線にとらわれない世界の扉をノックできます。

新しい勝ち方＝突き抜けるビジネスモデル

では、これからの時代の新しい勝ち方とは何なのでしょうか？

私が考えるのは「突き抜けるビジネスモデル」です。

これを本書では**「一点突破」**と呼びたいと思います。

一点突破ですから、商品はたった1つで構いません。そして、そのたった1つの商品は「安かろう悪かろう」ではなく、むしろ**客単価を上げられる「高品質な商品」**であるべきです。

商品の利便性や見た目もさることながら、製造方法から徹底してこだわったもの（例えば、食品なら「添加物を使用しない」など）です。ＱＯＬ（Quality of Life：生きる上での満足度を示す指標）を上げるような、他には絶対に負けないたった1つの商品です。

私の運営するBIGOLIで言えば「ボロネーゼ」がそれに該当します。

BIGOLIにはボロネーゼしかありません。２０１６年に東京・神田にワインバーをオープンした頃から、ボロネーゼだけを売るビジネスモデルを続け、加盟店31店舗(非公開店舗も含む)、ビジネスの規模は3億円にまで盛り上げていくことができました。

「商品が1つしかないと、客層が限られそうで怖い」

そのような意見もあるかもしれません。

ですが、複数の商品展開は、かけるべきウェイトの分散が起こって特化することができません。また、最初から複数の商品を作ることは、何かを始めるときには負担が大きくなりますし、エッジが利いたブランドに育てにくい側面があります。

ある専門的な商品ブランドとして特化し、その後にさまざまな商品展開を行なって今や世界的ブランドになっている例があります。

皆さんご存じの「ルイ・ヴィトン」です。

今や世界のトップブランドであるルイ・ヴィトンは、フランスのスーツケース職人・ルイ・ヴィトンが始めた事業です。現在ではさまざまなアイテムが販売され、世界中に展開されていますが、創業当時はビジネスバッグや旅行鞄が主な製品だったことはあまり知られていません。

ルイ・ヴィトンで有名なのは次の出来事ではないでしょうか？

皆さんご存じの「タイタニック号沈没事故」です。レオナルド・ディカプリオとケイト・ウィンスレットの主演で１９９７年に「タイタニック」として映画化もされています。

１９１２年４月14日から翌日未明にかけて起きたこの沈没事故では、約１５００人（諸説あり）の乗員乗客が犠牲になり、当時では世界最悪の海難事故と言われました。ただ、その一方で約７００人の生存者もいました。彼らが助かった理由の１つとしてルイ・ヴィトンの鞄につかまったから、という説があります。

ルイ・ヴィトンの旅行鞄は、万が一に備えて完全防水加工で作られており、沈没事故でもプカプカと浮いたため、それにつかまって難を逃れた乗客がいたそうなのです。

しかも、回収された鞄を開けてみると中への浸水がなかった（鞄内の荷物が濡れていなかった）、という逸話まで残されています。

当時、すでにルイ・ヴィトンはセレブから認められるブランドではありましたが、タイタニック号沈没事故によってその知名度が一気に広まった、とも言われています。

このエピソードには確固たる証拠があるわけではないので断言はできません。ですが、このような逸話があるくらいですから、ルイ・ヴィトンはそれだけ突き抜けたこだわりが強い商品づくりをしていたことは間違いないでしょう。

あなたがこれから作る商品が何であっても、忘れないでほしいのは、**「何がカリスマブランドとして世界に広がるかはわからない」**ということです。

そして、それは同時に、まずは何か1つの商品で突き抜けるビジネスモデルを作ることができれば、誰にでも——もちろん、あなたにもチャンスがある、ということなのです。

「一点突破」は、弱者だけができる最強の戦略

良い商品・サービスを作り、一点突破で展開していくことを考えるとき、ぜひ参考にしてもらいたい戦略があります。

それが**「弱者の戦略」**です。

これはマーケティング戦略の「ランチェスターの法則」に基づく考え方で、勝つためには「強者」と「弱者」それぞれのやり方が存在する、というものです。

この法則は、1914年にフレデリック・ランチェスターが、戦争において戦闘員の減少度合いを数理モデルに基づき、自身の著書の中で記載したものですが、現代ではマーケティング戦略に応用されています。

平たく言ってしまうと、戦略には「一次法則」と「二次法則」が存在し、前者は一騎打ちや近距離白兵戦を前提とした中小企業や個人事業主に有効なもので、後者は一対多数や広域戦を前提とした資本を持つ大手企業に有利なものになります。

そして、前者を「弱者の戦略」、後者を「強者の戦略」と称しているのです。

もちろん、私たち小規模事業者が採るべきは「弱者の戦略」です。

大手企業のように大きな資本や知名度がない中小企業や個人事業主にとっては、たくさんの商品展開で物量作戦を取ったり、大々的なCMや広告を打って一気に新商品の知名度を広げたり、名前だけでライバルを蹴散らしていくような戦い方はできません。

むしろ、**限られた商品で局地的に販売を行ない、できるだけお金のかからないSNSやホームページ（HP）などを使って徐々に知名度を上げ、お客様と一対一でコミュニケーションを取りながらブランドを浸透させる**しかないのです。

そのような戦略を取る際には、商品はできるだけ少ないほうがおすすめです。たった1つの商品、それも**とびきり良い商品だけで戦っていく**ほうが、効率も良く、突破しやすくなるのです（この辺りに関しては後の章でお伝えします）。

3Pや4Cなどのマーケティング理論は後回しにする

このように書くと、「マーケティングには3Pや4Cとかもあるけど、それはいいのか？」といった疑問が浮かぶと思います。

初めて聞いた方のために補足しておくと、マーケティングの3Cや4Pとは次のようなものです。

◎マーケティングの3C

・Company＝自社の商品サービス、イメージ。
・Customer＝自社の商品・サービスを使う顧客（消費者）のニーズ。
・Competitor＝自社と同じ顧客（消費者）を取り合う競合相手。

◎マーケティングの4P

・Product＝消費者のニーズに応える商品かどうか。
・Price＝商品価格や製造コストが競合と比べて適正価格かどうか。
・Place＝流通や販売経路や売る場所は消費者に届きやすいか。
・Promotion＝どのような訴求で消費者に商品を届けるか。

マーケティング計画における基礎中の基礎の考え方であり、自社の商品・サービスを消費者に効果的に届けるために立てなければいけない戦略です。

私は過去に、映画会社に10年ほど勤務していた時代がありました。名前を出せばだれでも知っているような会社です。

そこで宣伝チームを持ち、部下たちとともにさまざまな映画の宣伝戦略を練っていたので、その際にこれらの3Ｃや4Ｐを何度も繰り返し勉強しましたし、常に業務でも活用してきました。

活用してきたからこそ、一点突破の戦略においてはこれらは〝後回しで良し〟と私は考えています。

売れない時代に売るにはむしろ「弱者の戦略」

その理由は、そもそもこれらの理論の前提が「モノがたくさん売れる時代」のものだからです。すでに完成された市場があって、そこに新商品を投入する作戦を練るのがこれらの理論と考えているからです。

本書でお伝えしている内容は、むしろ「売れない時代に新商品をどう売るか」です。

そして、その方法が一点突破なのです。

であれば、必要なのはむしろランチェスターの弱者の戦略で、その戦略を突破口としてライバルのいない市場を見つけ、良い商品を投入していきます。

誤解してほしくないのが、3Cや4Pは決して無意味な理論ではなく、勉強しておいて損はないという点です。

もし弱者の戦略が奏功し、あなたが新たなマーケットを創ったとします。すると、必ず後発者や模倣者が現われます。その段階になれば競合とのプロモーションの違いなどより精緻な戦略を練るために、4Pなどが役立つことでしょう。つまり、市場を創り始める段階では優先順位が高くないというだけです。

「そこにしかない贅沢」を叶える商品・サービスを考える

先述のとおり、今はSNSの発達によって、誰もが自分の意見を発信できる時代になっています。

例えば、食べログで星を投稿したりコメントや写真をアップしたり、Twitterで写真や感想をつぶやいたり、YouTubeで「〜してみた系動画」を配信して再生回数を稼いでみたり。このような自由な発信は特別な人たちだけのものではない時代になっています。

そんな情報が錯綜する世界で注目を集めるためには「安かろう悪かろう」の商品・サービスではいけません。そんな商品・サービスをしようものなら、逆に悪評が拡散されて一瞬で潰されてしまう時代です。

ブランディング構築もブランディング崩壊も一瞬で起こってしまう、と考えましょう。

ですから、一点突破で良い商品・サービスを作る場合に重要なのは**「そこでしか得られない贅沢」を叶えられるものを考える**ことです。

すでに、そのような商品・サービスは世の中にたくさんあります。

私は飲食業なので、あえて飲食の事例でお伝えしますが、例えば、実業家の堀江貴文氏（ホリエモン）と和牛商の浜田寿人氏がプロデュースするブランド「WAGYUMAFIA」の系列店「MASHI NO MASHI TOKYO」の「WAGYUJIRO（ワギュジロー）」です。

これは1杯で1万円もするラーメンですが、世界的に有名な尾崎牛などのブランド牛の牛骨を使って炊いた和牛100％の牛骨スープに、同じくブランド牛を使ったチャーシューやガッツリ食感の極太麺が使われています。

他にも、BIGOLIの店でアルバイトをしてくれていた盛嶋さんが始めたお店、西新宿の「らぁ麺や 嶋」は食べログ評価で星4つ、コロナ禍の2020年6月にオープンしたにもかかわらず、1年も経たないうちに食べログ全国1位になったラーメン屋です。

ラーメンのおいしさや接客のすばらしさもさることながら、この店がおもしろいのは、朝の7時頃からお客様が列をなし、店の前に出された予約シートに20分単位で名前を書いていくところです。営業時間は11時～18時までですが、麺がなくなると終わりなので、普通に予約なしで食べに行っても、まず入ることができません。

席数はたった6席しかありませんので早い者勝ちになりますが、運良くすべり込めたお客様たちは名前と人数を記帳したら、その時間に戻って来るまではいったんは帰宅します。

1人が数枠分を記入できるので、友達と食べに行くときに誰かが「明日、行って来るわ。3人分確保するから、みんなで行こうな！」などの贅沢な楽しみ方もできます。

他にも、東京・荻窪にある日本一うまいカレーと言われる欧風カレー「トマト」には、名物の「タンカレー」があります。

作るのがかなり手間らしく、1日数食しか食べられないこのタンカレーには、オープン時間の2時間以上前から行列ができます。しかも、このタンカレーは1杯300

0円以上します。

にもかかわらず、2回転目に並んでしまうとまず食べられない（売り切れている）くらい人気です。タレントの有吉弘行さんが芸人仲間と一緒に食べに行ったとき、2時間前に並んで2回転目の一番手だったのですが、奇跡的に最後の1杯を食べられたそうです。

ここでお伝えしたのはあくまでも一例ですが、どれも実際に存在する「そこでしか得られない贅沢」を叶える商品・サービスです。

私はこれを**「プレミアムリッチ商品」**と呼んでいます。

このような商品・サービスを開発、提供することができれば、SNSやWebサイトを通して一気に賞賛が集まり、拡散され、人が集まってきます。

「プレミアムリッチ商品×一点突破」がこの時代の最適解

ここまで読んだあなたはもうおわかりだとは思いますが、モノが売れない時代に小規模事業者が新しい勝ち方をしていくためには「一点突破」の戦略が必要です。一点突破戦略のためには「武器＝そこでしか得られない贅沢な商品・サービス」をかけ合わせることが必要です。

つまり**「プレミアムリッチ商品×一点突破」**が、これからの市場を制する最適解と私は考えています。

もちろん、今の時代であっても大手企業が行なう強者の戦略には一定の効果があります。

ですが、その戦略を資金力でも知名度でも勝てない私たちが真似をすることはできません。**今時点から何かをスタートするのであれば、大手の真似は得策ではない**でしょう。

ですから、むしろ大手が真似のできないものを作って市場を制していくことを考えるべきだと私は思います。

大手が模倣して大量生産できてしまうものではなく、作り手も受け手も両方ワクワクするような商品を作り、その商品・サービスを享受した人たちがSNSなどを通して情報発信をしていく。そのような環境を、消費者とコミュニケーションを重ねながらファン化し、共に作っていくのです。

この考え方になると、商品・サービスは必然的に**「他にはないプレミアムなもの、しかも贅沢感が満たされるリッチなもの」**にたどり着きます。

その「プレミアムリッチ×一点突破」の一例として、私が考え出したのが「BIGOLIのボロネーゼ」です。

詳しくは後述しますが、日本には存在していなかった本物のボロネーゼを開発し、販売し続けたことで100万食を超える大ヒット商品にまで成長しました。

ただ、そこまでにするには紆余曲折《うよきょくせつ》がありました。

最初の開発に想像以上に時間がかかったり、神田にワインバーをオープンした当初は、お客様の数より店員の数のほうが多いような状況が続いたり、近隣の店から看板を隠されるような嫌がらせを受けたり、誰もが知る大手チェーンに、商品のビジュアルもネーミングも価格も説明文も丸パクリされたり……と苦労もたくさんありました。

ですが、それでも「味」だけは大手企業には絶対に勝てないものを追求し続けました。**完全無添加で、商品原価が45％以上**（通常の飲食店のルールは原価30％前後）、味も**本場イタリアのボローニャ地方のイタリア人が食べても納得**の商品を作り出し、さらに儲かるビジネスモデルにすることができました。

次章以降は、ここまでの内容を踏まえつつ、私がたどってきたリアルな軌跡をお伝えしていきます。

どのようにしてプレミアムリッチ商品を作り出し、それを広めていく＝集客につなげていくか、どのようなコンセプトで生き残り戦略を実行していくか、などについて詳しくお伝えしていきましょう。

第3章

いかにしてプレミアムリッチ商品を生み出すか？

なぜBIGOLIのボロネーゼは、100万食売れたのか？

「プレミアムリッチ商品×一点突破」の戦略で成功した商品・サービスは、世の中にさまざまな業界で存在します。僭越ながら、私の会社が作ったBIGOLIのボロネーゼもおかげさまで100万食を突破し、あるレベルでの成功を達成できたと考えています。

では、そのようなプレミアムリッチ商品は、どのような考え方で発見し、作っていけばいいのでしょうか？

本章からは具体的な考え方や方法論をお伝えしていきます。

2016年4月に神田でたった4坪のワインバーからスタートしたBIGOLIのボロネーゼも、現在では店舗・通販を含めて100万食を超えています。

まずは簡単ではありますが、BIGOLIのボロネーゼがどのようにスタートし、世に広まっていったかをお伝えします。

きっかけは、とある赤坂にある行きつけのイタリアンレストランのシェフとの会話でした。

当時、「男性の胃袋をつかんで行列のできる飲食店を何かやりたい」と考えていた私は、いろいろと考えて最終的にパスタへ行きつき、どんなパスタを出せばいいかをシェフに相談していました。

するとあるとき、シェフが「ボロネーゼなんかどう？」と提案をしてくれました。

「ボロネーゼなんて、ちょっと高級なミートソースじゃないか。子どもが食べるもんでしょ」

これが当時の私の返事でした。

ところが、シェフは首を横に振りました。

「石川さん、それは本物のボロネーゼを知らないからですよ。本場イタリア・ボローニャ地方のボロネーゼはめちゃくちゃうまいですよ！」

脳内に「？」マークが浮かんでいた私に後日、シェフがボロネーゼを作ってくれました。

皿に盛られていたのは、肉がゴロゴロ入ったパスタでした。ボロネーゼ＝ちょっと高級なミートソースだと思っていた私には、想像していたボロネーゼとは似ても似つかない肉感が際立つビジュアルにまず驚きました。

そして、ひと口食べてみると今まで食べたことがないくらいおいしく、プレミアム感があったのです。私が知っていたボロネーゼの概念が足元から崩れ去った瞬間です。

詳しくは後述しますが、本物のボロネーゼは「肉料理」です。

ミートソースのように少量のひき肉をトマトとケチャップで伸ばし、甘く味つけしてパスタにかけて食べるものとはまったく別の料理だったのです。

むしろ、ボロネーゼは、トマトと肉の割合がミートソースとは真逆なほどに肉が主役で、味つけも甘くありません。そもそも、イタリアの伝統的な料理に砂糖は使わないそうです。そのため、ビターな大人でも楽しめる味わいです。トマト味やクリーム味が前面に出るパスタというよりは、パスタと一緒に肉を楽しむ「肉料理」なのです。

「これだ！　この本物の味を届けたい！」

本物のボロネーゼの味を知り、運命的なものを感じた私は、そこから半年間かけて改良に改良を重ねて商品化を試みました。そして、神田の裏通りにある4坪の店を借りてワインバーをオープンさせました。

そこから紆余曲折はありましたが、周辺の店の倍近い客単価のボロネーゼは、サラリーマンたちの支持を得て、オープンから数カ月後にはまるで人気のラーメン屋のような行列ができるようになりました。

オープンから約1年後、神田の店を売却した私は、品川シーサイド駅「イオンスタイル品川シーサイド」の地下フードコートに新たに店舗を構えました。さらにメニューライセンス制度で加盟店を増やし、数々のテレビ番組に取り上げられて現在に至ります。

全国30以上の店舗の加盟店とAmazon（ＥＣモール）や自社ＥＣサイトでの販売も含めて、２０２３年現在では約１００万食を達成しています。

最初のコンセプトは「男性の胃袋をつかみたい」

　このように書くと、私が「本物のボロネーゼ」という既存のプレミアムリッチ商品と出会うことができたから現在のような展開が可能だったと考えるかもしれません。

　確かに、シェフに食べさせてもらったボロネーゼがきっかけになったのは事実です。ですが、商品が先にありきで、このような展開になったわけではありません。むしろ、それよりも前から、私の中には商品ではなく、「男性の胃袋をつかみたい」という確固たるコンセプトがありました。

　少し私のキャリアをお伝えすると、私はＩＴ企業に就職後、米国資本の映画会社に転職し、さらに国内アパレルメーカーに転職した後に現在の飲食業に至りました。

　会社員の頃から、私の中で「自分でゼロから何かを創りたい」という想いがありました。

　ＩＴ企業でも映画会社でもアパレルメーカーでも、基本的にクライアント＝お客様からのオーダーがあったり、誰かが作った映画であったり、デザイナーがデザインした服であったり――つまり、既存商品をいかにして売るか、という世界でした。

もちろん、それらの仕事もそれはそれで楽しいですが、私の中には誰かが作ったものではなく、自分の力でゼロから何かを生み出したいという欲求があったのです。

ちなみに、私は食べるのが好きな人間でした。今も昔も、よく行きつけの店を見つけては足しげく通ったり、新しい店を開拓したりするのが好きな人間です。

その過程で「これだったら、自分でやったほうがうまくいくんじゃないか」という店もたくさん見つけてきました。

そして、いざアパレルメーカーを退職する際に、今度こそ自分でゼロから創ったものをお客様に届けよう、という想いがむくむくと頭をもたげてきました。

「飲食業でゼロからのモノを創る。しかもそのお店は、それこそ人気のラーメン屋のように行列ができる繁盛店にしたい」

そう考えると、種類は限られてきました。当時の私の頭に浮かんだのはラーメン屋や蕎麦屋、カレー屋などの世間では「B級グルメ」と言われる商材、特にラーメン屋をやるイメージが強くありました。

ですが、ラーメン屋は日本全国で「ラーメン戦争」が展開するほど熾烈な世界です。昨日今日に足を踏み入れた人間が明日にも繁盛店をオープンできるかと言うと、そうではありません。長い修業や研究が必要になりますし、流派や派閥まであります。スープも醤油、味噌、塩、とんこつなど多種類にわたり、麺もそれぞれ太さが異なります。仮に市場に戦いを挑んでも、ライバルが山のようにいるレッドオーシャンでした。

散々悩んだ挙句、私が行きついたのがパスタでした。

とはいえ、パスタもすでに市場としてはでき上がっています。タウンページに掲載されている店数では日本全国にイタリア料理店は８２００軒以上あります。ラーメン屋の数が２万４０００軒以上ですから、それに比べると３分の１ですが、それでも完成された市場と言えます。

そんな中で差別化をして勝ち上がっていくためには、かなり強烈なコンセプトを考えなければいけない――私はそう考え、全国のイタリアンレストランを食べ歩きながら、ある一つの事実に気づきました。

それは、**どの店でもパスタの量が少なかった**ということです。

多くの店が乾麺100グラム（茹で上がりで約200グラム）程度で、これでは男性が一人前を食べてもお腹がいっぱいになりません。コース料理の中の1つと考えればそれでもいいのかもしれませんが、単品で考えると頼りないボリュームでしょう。

前述したように、私の中では「男性の胃袋をつかみたい」というコンセプトがありました。

この本を読んでいる男性の読者でも、ランチにパスタをチョイスする人は少ないのではないかと私は勝手に想像しています。お昼時にラーメン屋とパスタ店が並んでいたら、どちらに行列ができているかと言うと、おそらく前者でしょう。

つまり、女性はともかく**男性は「ランチはガッツリ食べたい」欲求が少なからずある**はずなのです。そう考えると、必然的にパスタは選びません。

提供スピードの面でも、ラーメンが注文からものの5分で提供され10分くらいで食べ終わるのに対して、パスタは出てくるだけで2倍近い時間がかかります。量が少ないのですぐには食べ終わりますが、お腹的にはイマイチ満足しません。

極めつけは**価格**です。ラーメン＋ライスが700〜800円くらいで食べられるのに対して、パスタはサラダやスープがついて1000円を超えてきます。

ただ1つ私の気持ちを決定づけたのは、**パスタは「おいしい」**ということでした。

量が少なく、出てくるのも遅く、価格も高い。でも、高級レストランやパスタ専門店で出てくるパスタは心奪われるほどにおいしい。

もしも、このものすごくおいしいパスタを「前菜もサラダもデザートもいらないから、パスタだけドカンと持ってこい！」と出してくれる店があれば、男性の胃袋をつかめるのではないか、と思ったのです。

しかも、ラーメン屋ほど熾烈な競争に巻き込まれることもない。

このコンセプトのパスタであれば、ブルーオーシャンで戦えるのではないか、そう考えたのです。

プレミアムリッチ商品は、コンセプトファーストで考える

私の場合はあくまでも「食品」でしたが、プレミアムリッチ商品を考えるときに共

通して重要になるのが「**コンセプトを持っているかどうか**」です。「**どこの誰にどうなってもらいたいか**」というコンセプトや情熱をまず頭にしっかりと持つこと。そのうえで、その人に喜んでもらえたり、悩みを解決したり、希望を叶えたりするのが、あくまで商品の役割です。

そこが出発地点と考えると、プレミアムリッチ商品を生み出すのは誰しも可能だと思うのではないでしょうか。

この世の中には〝何かを創ったことがない人〟は1人もいません。

思い出してみてください。

例えば、ラブレターを書いた経験が一度でもある人だったら、好きな人のことを思いながら書いているはずです。幼い頃に画用紙にクレヨンで絵を描いているときであれば、「上手に描けたね！」と言ってくれる誰か（両親や友達や先生）の顔を思い浮かべていたはずです。

人はモノを作るときに、**それを受け取る相手のことを考え、その人のことを想ってモノづくりをする**ものです。相手に喜んでもらおう、感動させよう、気持ちを伝えよう、と考えてエネルギーを注ぐはずです。

モノを「商品」に置き換えて考えてみましょう。**受け取り手＝ターゲットが見えてきて、そのターゲットが満足するためにはどうあるべきで、そのために実現しなければいけないクオリティはどの程度なのか**を考えます。

その過程をたどれば、やがて創ったモノは商品として昇華するだけです。

前述のとおり、BIGOLIのボロネーゼは、サラリーマン（男性）の胃袋をつかみたい想いがコンセプトの根底にありました。

ただし、お腹が満たせたとしても、世の中にたくさんあるB級グルメではありきたりでダメです。

街で気軽に食べられるにもかかわらず、高級レストランさながらのA級クオリティのパスタで、午後の仕事もがんばれるようガッツリお腹を満たすことができて、限られたお昼休憩の時間内でスッと入ってサッと食べられて、しかもお財布にも優しい。

さらに感動やサプライズを加えて、**お客様が「こんなの初めてだ！」と人に教えたくなるくらい新しいもの**がいい。

そんな志向のもと、最初はイカ墨スパゲティとペペロンチーノの店を出そうと思っていました。そこで前述したシェフのボロネーゼを知って、頭に閃光が走ったわけです。

ですから、きっかけは確かにシェフのおかげですが、そのきっかけをビジネスの閃きとして捉えたのは、コンセプトファーストだったからです。

シェフの作った試作品のボロネーゼをひと口食べた瞬間、頭の中で「これだ！」というスパークが起き、「これなら世のサラリーマンの期待を超えられる」と確信できたのも、最初にコンセプトがあったからなのです。

ビジネスを考えると、**ついつい先に商品を考えがち**です。

でもまずは**「誰にどうなってほしいか」というコンセプトを言語化**し、そのコンセプトをもとに世の中を眺める習慣をつけてみてください。

「プレミアムリッチ商品」を生み出すためには、一点突破を念頭に置く

さて、本書の冒頭ではざっくりとした説明で済ませましたが、シェフにボロネーゼを教えてもらい、実際に神田のワインバーでお客様に提供するまでの間には、開発に

はかなりの苦労もありました。

あなたもコンセプトを打ち立て、プレミアムリッチ商品を開発する際には、何かしらの苦労が発生すると思います。一般的な並の商品ではなく、お客様に感動を与えるレベルのプレミアムなものを開発するのですから、苦労は避けて通れない道でしょう。ですが、そんなときでも**「一点突破」を心がければ、その道は幾分か歩みやすい**ものになります。

つまり、開発する商品は、たった1つにフォーカスするのです。

現在のBIGOLIのボロネーゼは、シェフから教えてもらった最初のものからかなりのバージョンアップを重ねています。

まず、**作り方**です。シェフのレシピはこれ以上考えられないほどに手間をかけた工程がありました。

そもそもボロネーゼというメニューは、とにかく調理に手間がかかります。焦げ目がつくくらいまで牛肉をしっかり炒め、野菜とワインで長時間じっくり煮込んで、しかも焦げないように混ぜ続けるなど、仕込みには膨大な時間を要します。

ですが、私の狙いはサラリーマンが短いランチタイムでサッと食べて帰れる料理です。いくらおいしくても、そんなに調理に時間をかけられません。

そこで、**クオリティを一切落とさず（むしろアップさせても）手間がかからない工程**を考えました。

また、**健康的であるほう**が当然いいと考えたため、ビーフブイヨンなどの化学調味料や砂糖を一切使わず、ボローニャ地方に伝わる本来のレシピや製法に敬意を払って、**素材の味を生かした旨味**が出るように改良を重ねました。

シェフが作ってくれた最初のモデルは挽肉だったのですが、これを**超粗挽き**に変更。牛すね肉のブロックをいちいち切り分ける手間は必要になりましたが、代わりにブイヨンを使わなくても無添加で肉の味を引き出すことができました。さらに食感も「肉料理」にふさわしいくらいに口の中でゴロゴロと牛肉の食感を味わえるほど良いサイズに進化させました。

さらに、こだわりの極めつけは**麺**です。普通の乾麺を使うのではなく北イタリア名産の「ビゴリ」という極太生パスタを使い、モチモチした食感や噛み応えを実現。さらに、お腹にしっかりたまるように生パスタの状態で通常の2倍の**240グラム**を標準サイズにしました。

もちろん、こういう工夫を重ねていると、やたらとコスト高になります。

牛ひき肉が牛すね肉のブロックになるだけでも値段は上がりますし、パスタの量も単純に2倍にする＝2玉を使うことになるので、原価に響いてくることにはなります。ですが、原価増に伴って価格を2000〜3000円にしてしまってはランチタイムでは戦えません。お財布に優しいランチ代に収めるために、7年前の話にはなりますが、最終的に神田のワインバーでランチタイムに出すときは890円で提供しました。

材料以外で利益率に影響を与えるのは提供プロセスです。少しでも利益を出すために調理を最低限まで簡略化したり、洗い物を最小限にしたりしました。加えて、椅子を取り払って立ち食いスタイルにして、1人のお客様が店に入ってから15〜20分以内に食べ終われるよう、**回転率を上げられるための策**を考えました。

なぜ、このようなことができたのか？

それは**商品を一点突破で「ボロネーゼのみ」に絞ったか**らです。

BIGOLIのボロネーゼはカテゴリーで言えば「イタリア料理」の中の「パスタ料理」の中の「ボロネーゼ」という1商品です。その隣にはカルボナーラやアラビアータ、ペスカトーレがいます。

あえてボロネーゼ1本に絞ったことで、他の商品のことを考える必要がなくなります。とにかくボロネーゼだけをプレミアムリッチなものにして、お客様に満足してもらって感動してもらうことに集中できます。

もしも私がこのときに欲を出してカルボナーラやアラビアータもやっていたら、情熱は分散してしまい、ボロネーゼ1つをここまで極めることはできなかったでしょうし、A級グルメの店として採算をとることもできなかったでしょう。

私は映画会社に勤めた10年間でたくさんの映画を観てきました。

恋愛映画であれば必ず主人公のヒーローがいて、相手役のヒロインが存在します。そして、多くの場合、2人は真実の愛で結ばれます。

仮にヒロインが2人いて主人公が両方の女性と結ばれたとしたら、見ている私たちの中で感動は生まれるでしょうか？　おそらく生まれないでしょう。

それと同じように、商品を開発する際にも、**情熱をいくつも分散させるのではなく、たった1つにフォーカスして愛を注ぎ込み、どこまでも尖らせるくらいの考え方**が必要なのです。

プレミアムリッチ商品は、お客様の「プチ贅沢心」を叶える

私が神田の店をオープンさせたとき、周囲にはたくさんの飲食店がありました。

周囲には500円で食べられる店もありました。店を開いたエリアがメイン通りから離れた裏通りにあったからです。

多くのサラリーマンやOLたちはメイン通りの店に食事に行きます。

一方、私の店があった裏通りは、すぐ近くに風俗店があるようなところで、それ故に周辺の店は集客に悩み、500円の低価格を武器に集客を行なっていたわけです。

私はこの裏通りのワインバーで「夜の価格の半額」と銘打ってこだわりのボロネーゼを890円で提供しました。周囲の店が500円のところを2倍近い価格で出した

にもかかわらず数カ月で行列ができました。

このことからわかるのは、お客様は〝安いから食べにくる＝その商品を買うのではない〟ということです。

かつての日本にはこんな言葉がありました。

「贅沢は敵だ」

1940年頃に使われた標語ですが、現在ではもうこの標語は有名無実化していると思われます。

むしろ今は逆で、**人々は贅沢をしたい欲望を密かに持っています**。さらに、その贅沢をSNSなどで拡散し、そこに対して妬みよりも賞賛や賛同が集まる時代です。

贅沢とは、なにもお金をパーッと使いたい欲求ではありません。**お金を使って「贅沢な体験」をしたい**と考えてください。

例えば、夜の新宿を歩いていると、ハマーのリムジンに乗った若い女子たちがサンルーフから顔を出して写真を撮ったりしているとします。あれはリムジンという乗り物に乗りたいのではなく「リムジンに乗ってみんなと遊んだ体験が欲しい」わけです。

もちろん、今でも「贅沢は敵だ」が消えてなくなったわけではありません。今でもその認識を維持している人は少なからず存在します。節約や我慢が美徳とされ、たとえ贅沢をしても、それを公には出さないのがエチケットだと考える層は存在しているのです。

ですが、多くの人、特に今の若い層は、明らかに異なる考え方を持っています。節約は重要と考えていたとしても、〝たまのプチ贅沢には興味がある〟人たちがたくさんいるのです。

プチ贅沢を叶えた人は、勝手に広報マンになってくれる

若い層は、たまの贅沢をしたら「こんな楽しいことをしてるよ〜！」とSNSで共有し、それにみんなが「いいね！」を送り合う世界が日常です。この世界ではプレミアムリッチ商品を通して感動や驚きを与えると、自ずと誰かがシェアし、拡散してくれます。拡散が連鎖すれば、次の集客につながります。

言ってみれば、プチ贅沢を経験したお客様は、その後広報マンとして勝手に商品を

宣伝してくれるようなものです。

もちろん、拡散に値するためには、プレミアムリッチ商品の細部にまでとことんこだわる必要があります。例えばBIGOLIのボロネーゼは、単に食材だけではなく、**皿やフォークにもこだわり**を持っています。

まず皿に関しては上げ底ならぬ「下げ底」になっていて、一見すると少なめに見えます。ですが実際に食べてみると、通常のパスタの倍以上のボリュームにお客様は驚きます。

あえて下げ底にしているのは、元々の量が大盛りレベルのため、見栄えに上品さを欠いてしまう可能性があるためです。下げ底にすることで商品そのもののビジュアルの気品を損なわず、かつボリュームもキープしています。

さらに、フォークも先端がチューリップ上に広がる三本爪になっていて、麺を巻き取りやすく、かつ麺離れが良く、しかも巻き取りすぎないため適量を口に入れることができます。

商品も皿もフォークも、どれもお客様の口の中に入るものなので、**「どこまでこだわるの？」と突っ込まれるくらいこだわっています。**

このように「神は細部に宿る」レベルでこだわることでお客様は驚き、感情を動かされ、まさに「感動」が起こります。感動レベルの体験をしたお客様は「こんなすごい料理があったよ！」と誰かに伝えたくなります。シェアされた感動体験は、広報マンとして機能し、次なるお客様候補の呼び水となり、連鎖的な集客へとつながります。

私はこの現象を**「興奮の連鎖」**と呼んでいます。

この興奮の連鎖は、派手なＣＭやあるいはちょっとした喜びではなく、本物の感動を与える商品でないと起きないと私は考えています。

神田の店も周囲の店より高い価格設定をしていながら、オープンからほんの数カ月で行列のできる店になれた要因の１つは、確実にプレミアムリッチ商品であるボロネーゼの存在があります。

私がこだわり抜いたボロネーゼがお客様の中の「プチ贅沢をしたい」という欲求を叶え、しかもそれに驚いて、最終的に誰かに教えたくなるという行動を呼んだのです。

誰でもオリジナルブランドのメーカーになれる

ここまでで、コンセプトファーストでこだわりの商品を考え、一点突破でお客様のプチ贅沢を叶える重要性をお伝えしてきました。読みながらあなたの脳内では、自然と自分が生み出すプレミアムリッチ商品の輪郭が見えてきたのではないでしょうか。

オリジナルブランドを創る出発点はここですが、実際の商品化にかかる時間は、人によってさまざまかもしれません。

情報をいくらでも手に入れられる今の時代は、商品考案の追い風にもなるでしょう。

例えば、先日YouTubeを観ていて驚いたのですが、四ツ谷の高級フレンチレストラン「オテル・ドゥ・ミクニ」の三國清三オーナーシェフが、YouTuberとしていろいろな料理を家庭で作れるレベルで紹介してくれている動画がありました。

三國シェフと言えば、「ニューズウィーク」（日本版）誌では「世界が尊敬する日本人100」にも選ばれていたりする超一流のフレンチシェフです。

他にも、あの「和の鉄人」こと御年92歳になる道場六三郎さんが、銀座「ろくさん亭」の厨房から、凝った和食を簡単にできる家庭料理としてアレンジしてくれている動画もありました。

普通、このレベルの料理人から料理を教わろうと思ったら、厳しい選考を潜り抜けて店に勤め、何年も修業をしないといけません。

そんな人が、家庭用にアレンジしているとはいえ、その手腕の一角を無料動画で配信してくれる時代です。

これまでは情報を得ようと思ったら現地に行ったり、直接習いに行く必要があったりして、時間もお金もかかりました。ですが、今はインターネット上で凝縮された情報を瞬時に得られるようになっています。

あなた自身のプレミアムリッチ商品を見つけるときにも、YouTubeやブログやSNSなどのメディアを活用することで、そのヒントを得られたり、「これだ！」と思うものを見つけられたりする可能性が昔よりも広がっています。

その中で情熱の持てる何かを見つけることができれば、一人メーカーとしてプレミアムリッチ商品を創り出し、多くの人を感動させられるムーブメントを起こせるのです。

しかも、それはたった1つで構いません。

一人メーカーでは、多種多様な商品展開を考えるのは無理ですが、たった1つでいいのなら、多くの人が挑戦できることでしょう。

私がイタリア料理の中のパスタの中でもボロネーゼに絞ったように、例えば、化粧品の中でも「石鹸だけ突き詰める」などの考え方でいいでしょう。

数もまずは100個とかの小ロットからスタートすればいい。最初は月に1つしか売れなくても、本当にいいものを作っているのであれば、やがてリピートが起き、口コミが起き、拡散されていくはずです。

プレミアムリッチ商品を生むための5つの常識の壊し方

私がBIGOLIのボロネーゼによるビジネスの話をすると、ほとんどの人から「どうやってこんな商品を思いついたんですか?」と言われます。

プレミアムリッチ商品を思いついたとしても、それがビジネスにつながらなければ意味がありません。あるいは、そもそも商品が思いつかなければ、市場に出ていくことすらできません。

ビジネスにつながるプレミアムリッチ商品を生み出し、一人メーカーになるためのポイントとして、私は質問に「常識を壊す考え方を貫く」とお伝えするようにしています。

常識を壊すには、具体的に次の5つの考え方があります。

①エグいくらいニッチを攻める。
②あえて非常識なことをする。
③人の嫌がることをなくす。
④ビジネスモデルを不可解なものにする。
⑤「はぁ?」と思われるようなものにする。

それぞれを解説していきましょう。

エグいくらいニッチを攻める——常識の壊し方①

ここまでもお伝えしていることですが、私の場合はイタリア料理の中のパスタ料理の中の「ボロネーゼ」という1商品に絞ってニッチ（＝隙間）を攻めました。

ニッチを狙えば、商品そのものにライバルがいない世界に行くことができます。

イタリア料理で戦おうと思ったら、世界中のライバルと戦わないといけません。パスタ料理だとしても日本全国の８０００軒以上のイタリアンレストランと戦うことになったでしょう。

ですが、ボロネーゼであれば、敵はいません。何せ、日本中にある「ボロネーゼ」と称するものは、イタリア人の感覚からすれば想像とかけ離れた〝日本式高級ミートソース〟なわけですから、市場そのものが存在しないも同様です。

このようにニッチを攻めることで、大手企業との戦いも避けられます。

実際に大手企業がBIGOLIのボロネーゼと同じことをしようと思えばできます。

ただ、採算が取れないのでやろうとしません。ボロネーゼだけではあまりにもマーケットが小さく、参入するうま味が少ないと考えてくれるのです。

同じようにニッチを攻めている例として、東京・築地に本社を置く株式会社海苔弁山登りの海苔弁当「刷毛じょうゆ 海苔弁山登り」があります。

興味深いのは「海苔弁当」という1商品にこだわり、有明海で生産される海苔の上位1％である高品質なものを使っていることです。

弁当の世界では海苔弁当と言えば基本中の基本メニューで、価格帯も最も安い位置付けとされています。ですが、海苔弁当というニッチを攻めて1商品に絞ってこだわることで、世の一般的海苔弁当とは別の世界に行けるのです。

大事なのは、単なるニッチを攻めるのではなく、**エグいくらいに深掘りして似て非なる新しい市場を生み出す**ことです。

あえて非常識なことをする――常識の壊し方②

まるで言葉遊びのようですが、常識を壊すためには意図的に非常識なことに挑戦する姿勢が大事です。

BIGOLIのボロネーゼは、お店で提供する際にフライパンを使いません。必要なのは、ソースの湯煎とパスタを茹でるための鍋とお湯、混ぜるためのボウルとトングだけです。あとはチーズを削りかけるためのチーズグレーター（チーズおろし器）だけです。鍋・ボウル・チーズグレーターの3大器具さえあれば、誰でも5分で調理して皿に盛りつけボロネーゼを完成させられます。

これは、高原価でも利益が出るように、人件費を抑えるために店舗での調理工程を極限にまで圧縮したBIGOLIのオリジナル法です。

この方法は、パスタ屋からすれば常識外れもいいところでしょう。

おいしいパスタを作ろうと思ったら、塩分濃度1％のお湯の中で麺を茹で、その間にフライパンでニンニクをオリーブオイルで炒めて香りを映して……という工程が必要です。

BIGOLIでは、その工程を一切なくせるように工夫を重ねました。

もちろん、ここまで来るためにはさまざまな改良や試行錯誤が必要でしたが、本来であれば常識として素通りしてしまうようなところでも、あえて非常識に挑戦していく姿勢が大事なのです。そういった常識やルール、しがらみを超えたところに「新商品」や「新市場」は存在しています。

人の嫌がることをなくす――常識の壊し方③

②の「あえて非常識なことをする」とは異なる考え方かもしれませんが、プレミアムリッチ商品を自社販売するだけでなく、ＦＣ展開も視野に入れると、汎用的・標準的な観点が必要となります。〝広げていく〟ことを想定した場合、制作過程において相手が嫌がること（面倒なこと）を可能な限り減らしていくことが重要です。

面倒なことは、商品や業態によって異なります。

例えば、私の場合は飲食業なので面倒な作業として「仕込み」や「洗い物」は避けては通れません。

まずは「仕込み」の工程です。

パスタであれば事前に食材を切ったり、炒めたり煮込んだり……とさまざまな仕込みが発生します。

ナポリタンを作るためには、事前にハムやソーセージ、玉ねぎやピーマン、ニンニクを刻んでおく必要があったりします。トラットリアのような、注文が入ってから一気に料理を仕上げる調理スタイルでも、最低限の仕込みは必要です。

また先述のように、パスタを作るためには麺を茹で、フライパンで調理する必要があります。パスタを茹でるためには塩分濃度1％のお湯を使いますが、常に焚いているため徐々に水分が蒸発し、濃度は上がっていきます。ここに注ぎ水をしますし、シェフはいちいち味見をしなければいけません。1日に何百食も作る店だと、シェフはそのうち塩分の取りすぎで病気のリスクまで抱えてしまいかねません。

次に「洗い物」です。

お客様に料理を提供したら、必ずそのあとに食器類は洗わなければいけません。仕込み、洗い物ともに飲食業をする者にとっては当たり前になっているとはいえ面倒で、できれば避けたい作業だと思います。

BIGOLIのボロネーゼは、仕込みは一切なし。調理器具も最小限で、毎回洗うのはソースとパスタを混ぜるためのボウルと盛りつけ用の皿とフォークのみにできるように設計しました。

この簡易な工程であれば、ＦＣを展開できる可能性は広がります。

またこの考え方は単に嫌がることや面倒なことを減らすだけではなく、商品のクオリティを上げる余裕を生むことにもつながります。仕込みが少ないからこそ、営業に余裕ができ、お客様に今まで以上の目配りもでき、洗い物が少ないからこそ皿やフォークはピカピカに磨き上げる。

飲食店がお客様に本来するべきことに集中できるよう、肉体的・精神的余裕をつくることにもつながっています。

ビジネスモデルを不可解なものにする――常識の壊し方④

BIGOLIのボロネーゼは、これまでにも何度もメディアで取り上げられていますが、２０２１年10月10日にはＴＢＳ「がっちりマンデー!!」にも取り上げられました。そのときの特集タイトルは「儲かる！　あやしいフランチャイズ」でした。

こんなダイレクトな特集に選ばれただけあって、やはり外から見るとかなり怪しく見えるようです。実際に「どうやって儲けてるんですか？」と聞かれることもよくあります。

ですが、これでいいのです。ビジネスモデルは謎なくらいがちょうど良くて、そのほうが独占市場としての寿命は伸びるからです。

どんなビジネスモデルでも、いつかは必ず真似されます。

後発で真似をしてくるのはだいたいが大手企業なのですが、先述のとおり、大手では採算が取れないほどにニッチを攻め、さらにビジネスモデルを謎にしておけば、ライバルが入ってこられない状況を作り出すことができます。

私の会社で言えば、「誰がボロネーゼしかない店をわざわざ選ぶんだ？」と訝《いぶか》しがられるくらいでちょうどいいのです。

「はぁ？」と思われるようなものにする――常識の壊し方⑤

超ニッチを攻めて、謎のビジネスモデルにすると、人からは「え、嘘でしょ？」「はぁ？　何それ？」と言われるようなものができ上がります。そうなったら、心の中で「しめしめ」とでもニヤついておいてください。そのくらい尖っていないと、一人メーカーにはなれませんし、独占市場を押さえられません。

私も過去に「メニューが1種類しかなくて、しかも立ち食いで、男同士がギュウギュウになって食べるむさ苦しいパスタとかすぐ潰《つぶ》れるよ」と言われたことがあります。「ボロネーゼ以外のメニューが知りたかったらおいで。教えてあげるから」と言われたこともあります。

そんなときには「自分はこれしかできないので、これでいいんです。これでやっていきます」と返事をしたものです。

多くの人は、マーケット・インの考え方でお客様のニーズを探し、それを解決する一般的なビジネスモデルを考えます。ですが、それは常識の範囲内です。

常識を壊す非常識なビジネスモデルを考えるのであれば、**むしろ周囲からは「バカじゃないか」と揶揄《やゆ》されるくらいでいい**のです。

似たようなケースで「ラーメン二郎」があります。今やジロリアンと呼ばれる熱烈な固定ファンがたくさんいる二郎系ラーメンでも、一部では「豚の餌」という失礼な言い方をする人もいます。それでも、全国にラーメン二郎の支店やインスパイア系の店がたくさんあります。

かのビル・ゲイツも「自分が出したアイデアを少なくとも1回は人に笑われるようでなければ、独創的な発想とは言えない」と言っています。

自信と信念があれば、人の反応は気にならないはず。むしろ「はぁ？」という反応がもらえたら、プレミアムリッチへの階段を一歩踏み出したと安心してください。

第4章

プレミアムリッチ商品ならではの強みとメリット

リピートされるプレミアムリッチ商品は「消費財」であれ

第3章でお伝えしたプレミアムリッチ商品について、本章ではさらにどんな商品をどう売ればメリットが際立つか、実際にコンセプトファーストでアイデアを出すためにはどういう方法論があるか、ということを説明します。

一般的な商品ではないプレミアムで贅沢＝リッチな商品・サービスを開発するためには、**固定観念を取り外し、非常識も取り込んだ考え方にシフトチェンジする**必要があります。その方法を本章で一緒に学んでいきましょう。

まず、プレミアムリッチ商品は「消費財」であるとすることを強くおすすめします。

消費財とは「**消費することを目的に、家庭で必要とされるような製品やサービス**」のことです。食用品や日用品などが、このカテゴリーに入る代表的なものです。

消費財はさらに「**耐久消費財**」と「**非耐久消費財**」に分けられます。

前者は家電製品のような数年にわたって使用されるもので、後者はポリ袋のような使用期間が短いものです。本書でお伝えする消費財は非耐久消費財のことを指すと思ってください。

私が消費財の販売をおすすめする理由は、何より**消費財はリピートするものだから**です。

例えば、台所用スポンジがボロボロになったのに使い続けたり、なくなっても買わなかったりすることは通常あり得ません。Tシャツだってボロボロになるまで着古したら、新しいものを買うでしょう。

一度買ってみて良いものであった場合は、お客様は再度同じものを買ってくれる可能性が高まります。これはプレミアムリッチ商品でも同じで、一度気に入ってもらえるとリピートしてもらえたり、定期的に購入してもらえたりします。

さらに、**消費財は購入サイクルを見える化できる**ことも魅力です。

歯ブラシであれば月1回、歯磨き粉であれば3カ月に1回など、どの程度のペースで消費され、再購入につながるかのタイミングが把握できます。

このような生活のルーティンに入り込んだ消費財に顧客データを絡ませて適切なタ

イミングでリマインドをすれば、同じ商品をずっと買い続けてもらうことも可能になります。

消費財は、プレゼント商品としても重宝される

私が消費財をおすすめするもう1つの理由は、**プレゼントに利用する可能性が高い**ことです。

プレミアムリッチ商品は「**知る人ぞ知る商品**」という位置づけです。仮に自分で買わなくても、誰かからもらえるとうれしかったり、誰かにプレゼントすることで喜んでもらえたりします。

もしその商品が贈った相手自体には合わないものであっても、消費財であれば誰かにおすそ分けをし、他の誰かが使ったり食べたりすることで消費してくれますので、迷惑になることもありません。

BIGOLI のボロネーゼは Amazon や自社サイトで通信販売を行なっていますが、実

際に3～4割はプレゼント用として購入されている傾向があります。注文時にお客様から「値段の書いてある紙を同封しないでください」というリクエストがあったり、注文主の住所と配送先が異なっていたりすることが多々あるのです。

他にも、企業で行なうゴルフコンペやビンゴ大会の商品として使われることや、無添加ということもあってオーガニックサロンのお土産として使われることもあります。

このように、消費財でリピート購入を狙い、さらに知る人ぞ知る〝気が利いた〟プレゼント需要にも応えることで、今月、来月、再来月……とピラミッド状にお客様が増えていくことが考えられます。

プレミアムリッチ商品なら、価格競争に巻き込まれない

プレミアムリッチ商品は、あなた自身がメーカーとなって、リアル店舗で販売していくことはもちろん、通信販売にマイナーチェンジしＥＣモールや自社サイトを使って販売することもできます。

その際、**プレミアムリッチ商品は、独自の価値を価格に反映することができます。**

通常の商品も価格は自分で決められますが、競合の他商品との横並び価格を意識して価格設定することがほとんどかと思います。しかし、プレミアムリッチ商品は競合を気にせず、自分が感じている価値を価格に上乗せすることが可能になります。お客様も独自の価値に満足するため、多少高価格であっても納得する傾向にあります。

第3章でもお伝えした神田のワインバーをオープンさせたとき、風俗店がすぐ近くにあるような裏通りで、周囲の店が500円ランチばかりだった中で、890円でボロネーゼを提供していたことはすでにお伝えしました。

当時の店の看板にはこう書いていました。

「本日もボロネーゼしかありません」

近隣ランチ2回分の価格設定で、しかも回転率を重視して立ち食いスタイルにしていたため、最初は「立ち食いでこの値段なの？」と言う声もよくありました。

ですが、本当にいいものを作って、それをパスタ専門店ではなく「ボロネーゼ専門店」として出していたことで、多くを語らなくてもお客様にはこだわった製法や材料を使っていることが伝わりました。

実際に食べたお客様からも「これはすごく値打ちがあるよ」「これをまともに作るなんて正気の沙汰じゃないね」「この量で出して利益は出るの?」とわかる人にはわかる感想をもらえ、瞬く間に繁盛していきました。

裏通りで本気のボロネーゼを出していたことで、「なんでこんなところでこんなマジなことしてるの?」というお客様の冒険心をくすぐる効果もあったと思います。

これができたのも、専門店として一点突破で価値のあるプレミアムリッチ商品を開発していたからです。

価格も独断で決められましたし、周囲に合わせることをしないでも済みましたし、価値のわかるお客様たちがファンになってくれたのだと自負しています。

プレミアムリッチ商品は、そのような独自路線を貫ける強さを手に入れることができるのです。

差別化よりも「独自化」の視点で市場を作る

スティーブ・ジョブズのiPhoneの発表プレゼンテーション動画をご覧になったことがあるでしょうか？

このプレゼンテーションでジョブズは「革命的な新製品を3つ発表する」と話を始めました。その3つとは「タッチ操作のできるワイド画面のiPod」「革命的な携帯電話」「画期的なインターネット通信デバイス」です。

これをたった1つのデバイスで実現すると続け、しかも「Apple社が携帯電話を再発明する」と次へつなげました。

そうして発表されたのがiPhoneです。

携帯電話の世界は、ショートメール機能から始まり、カラー液晶、2つ折り、カメラ機能、動画撮影機能など徐々に進化をしていきました。しかしそんな進化も、iPhoneの登場で、まるでオセロが黒から白に変わるように一気にひっくり返りました。

以降、もうスマートフォンは〝あの形〟しか考えられなくなりました。まさにiPhoneは再発明された携帯電話で市場を作ったのです。

商品を開発するときに誰しもが考えるのが差別化です。

差別化とは、既存の商品に対して明確な区別をつけるときに使う言葉です。

もちろん、差別化自体が悪いわけではありませんが、私には違和感があって、本来はもっと上の考え方をすべきと思っています。それが**「独自化」**であり、**市場を作っていく発明レベルの世界**です。

独自化をするときには、差別化視点は忘れなければいけません。iPhoneのように、独自化の視点でモノを開発しなくてはならないのです。

このような発明ができると、値段をいくらに設定しても（もちろん、常識的な範囲にはなりますが）お客様は買ってくれますし、類似品が出てきたとしても（実際、それ以降にたくさんのスマートフォンが誕生しています）、価格競争に巻き込まれることなく、トップシェアを維持し続けられるでしょう。

もちろん、誰もがiPhoneのレベルで発明できるとは限りません。

ですが、世界を制するレベルではなく、ニッチを攻めてプレミアムリッチ商品を考えるやり方なら、**たった1人でも発明はできる可能性**があります。

かのピーター・ドラッカーも「ビジネスはマーケティングとイノベーションという2つの機能しか持っていない」と言っています。ニーズを起点としたマーケティングは差別化の要素が強いですが、**新しい満足を生み出すイノベーションは独自化できる道が生まれます**。

差別化よりも独自化できる商品・サービスを、ぜひ考えてみてください。

ECモールと自社ECサイトは、目的を使い分ける

プレミアムリッチ商品を販売する際には、直販と直販ではない2つの販路があります。ここでは**ECでの販売についてのコツ**をお伝えします。

ECを使う場合の方法は、モール型ECサイト（ECモール）で販売する方法と、自社ECサイトにて販売する方法があります。

contents

市村よしなり氏
年収を10倍にするマインドセット(PDF)

あなたは年収を10倍にしたいですか?

年収が10倍になれば、ずっと欲しい、やりたいと思っていたものを全て手に入れることができます。

ただ『年収を今より2倍、3倍にするのも難しい』。

そう思っていませんか?

数々の経営者、個人事業主が教えを請う市村先生が『年収を10倍にするマインドセット』を公開します!

今井澂氏
6分類で考える個別株投資の分析手法
〜ウラ読み特別版〜(MP3)

投資初心者へ向けて解説!
個別株を6種類に分類し、それぞれに対する分析を解説。
個別株を分析して、2番底の安値で優良株を仕入れましょう!

久野和禎氏
一流のリーダーが必ず身につけている
リーダーシップの極意とは?(動画)

認知科学を土台として生み出されたゴールドビジョン®メソッドのリーダーシップ版が登場!
•卓越したリーダーの性質
•リーダーの拠り所
•リーダーが実際に行うこと
•確実に成果を生む仕組み
などなど、リーダーとして成功するために具体的に身につけているべき考え方/技術を解説していきます!

横山信弘氏
ロジカルトーク3メソッド(動画)

「伝えたいことがうまく伝わっていない…」
「部下が思うように動いてくれない…」
あなたはこのように思ったことがありませんか?
相手との話を噛み合わせ、相手を動かすためのトークメソッドを"絶対達成"コンサルタントがあなたへ伝授します!

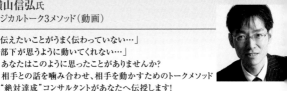

郵便はがき

料金受取人払郵便

牛込局承認

5044

差出有効期限
令和6年5月
31日まで

162-8790

東京都新宿区揚場町2-18
白宝ビル7F

フォレスト出版株式会社
愛読者カード係

フリガナ お名前	年齢　　　歳 性別（ 男・女 ）
ご住所 〒 ☎　（　　）　FAX　（　　）	
ご職業	役職
ご勤務先または学校名	
Eメールアドレス メールによる新刊案内をお送り致します。ご希望されない場合は空欄のままで結構です。	

フォレスト出版の情報はhttp://www.forestpub.co.jpまで!

フォレスト出版　愛読者カード

ご購読ありがとうございます。今後の出版物の資料とさせていただきますので、下記の設問にお答えください。ご協力をお願い申し上げます。

● ご購入図書名　「　　　　　　　　　　」

● お買い上げ書店名「　　　　　　　　　　」書店

● お買い求めの動機は?

1. 著者が好きだから　　2. タイトルが気に入って
3. 装丁がよかったから　　4. 人にすすめられて
5. 新聞・雑誌の広告で（掲載誌誌名　　　　　　　　）
6. その他（　　　　　　　　）

● ご購読されている新聞・雑誌・Webサイトは?

（　　　　　　　　　　　　　　　　）

● よく利用するSNSは?（複数回答可）

□ Facebook　□ Twitter　□ LINE　□ その他（　　　　　）

● お読みになりたい著者、テーマ等を具体的にお聞かせください。

（　　　　　　　　　　　　　　　　）

● 本書についてのご意見・ご感想をお聞かせください。

● ご意見・ご感想をWebサイト・広告等に掲載させていただいてもよろしいでしょうか?

□ YES　□ NO　□ 匿名であればYES

それぞれのメリットとデメリットを記載します。

◎ECモールを使う場合のメリット

・集客ができているサイトに出店できる。

・消費者の認知度を上げやすい。

◎ECモールを使う場合のデメリット

・イニシャルコストや手数料がかかる。

・詳細な顧客リストを手に入れられない。

◎自社ECサイトを使う場合のメリット

・イニシャルコストや手数料が低額になる。

・詳細な顧客リストを手に入れられる。

◎自社ECサイトを使う場合のデメリット

・集客するための施策が必要。

・認知度を上げるための施策が必要。

この8つのメリット・デメリットを踏まえた上で、最もいい方法は、

「ECモールで知名度を上げる」

↓

「自社ECサイトで販売する」

という流れを作り、**直販ではないやり方から直販のやり方に徐々に移行していくこ**とです。

例えば、何かのプレミアムリッチ商品を作ったとします。

どんな商品も最初は誰も知らないものなので、販売するためにはある程度の集客が必要ですし、消費者の認知度も上げていかなければいけません。

そこで、すでに集客のできている Amazon や楽天や Yahoo! ショッピングなどのECモール＝プラットフォーマーを活用して商品を出店し、**商品の認知度向上**を狙います。

この時点では出店や販売個数に伴う手数料もかかりますし、「誰が買ってくれたか」という顧客リストもプラットフォーマー側に握られていて手に入れることはできません。ただし、**初期の段階で優先すべきは「まずは多くの人たちに認知されること」**です。

ちなみに費用に関しては各ECモール、およびECモール内でも出店プランによって細かく異なるため、事前にしっかりと調べて検討をしてください。

自社ECサイトは、最初から併用して持っておく

ECモールに出店している場合であっても、**商品を売り始めた時点で世界観を表現でき、かつショッピングカート機能のある自社サイトは作っておくべき**です。

ECモールで商品を知った人の中には、その商品がどういうものか、さらに詳しい

情報を求める人が一定数います。そのような追加検索を行なう人向けに、ＥＣモールでは語れなかった商品へのこだわりや安全性、作り手の想いなどを記載した自社サイトを作っておくのです（ホームページについては別章で解説します）。

そして、ある程度の認知度が高まり、自社サイトでも売れるようになってきたら、販売割合を徐々にＥＣモール↓自社ＥＣサイトへと移していきます。

完全に移行する必要はないかもしれません（そのあたりは厳密に考えず、状況で判断します）が、自社ＥＣサイトに販売を寄せることは意識したほうがいいでしょう。

実際にAmazon経由などで入る注文数はそれなりに多いです。例えば、**ＥＣモールで購入された方の商品を届ける際に、自社ＥＣサイト注文で使える割引クーポン等を届けます**。そのような工夫をすれば、認知度や集客を維持しながら、手数料が不要になることで利益率が大きく上がり、かつ顧客リストも手に入ります。

これを私は**「ＥＣモールからの独り立ち」**と呼んでいます。

認知度が上がれば、小売店でも逆転現象が起きる

ＥＣモール→自社ＥＣサイトへの移行が起きる頃には、リアル店舗でもおもしろい現象が起こり始めるようになります。

立場の逆転が起こるのです。

認知度が低い（＝ブランド価値が低い）状態では、あなたが開発したプレミアムリッチ商品をどこかの店頭に置いてもらおうとしても、「もっと安くないと置けない」「誰も知らないものは置けない」などの小売店側の意思で値決めや設置判断されてしまいます。

ですが、認知度が上がった商品になると、小売店側から「取り扱わせてください」と連絡が入ってくるようになります。**値決めも置く店も、主導権があなた側に移る逆転現象が起きる**のです。

「ＥＣモール→自社ＥＣサイト→小売店」という流れができると、プレミアムリッチ

商品は一気に市場に広まっていきます。

突き抜けていれば、どんなメディアでも集客できる

さて、ここまでお伝えしてきたものの、「ECモール→自社ECサイト→小売店」の流れを作ろうとしても、現実にはなかなか集客がうまくいかないこともあるでしょう。特に、0から1の部分では、やはり何かしらの仕掛けは必要になってきます。

集客については別章で詳しくお伝えしますが、**基本的な考え方はSNS活用**です。いきなり自社サイトに人を集めようと思っても難しい現状があるでしょう。そのために**最初はECモールに頼るべきですが、同時にSNSの発信でファンをゆっくりと温め、自社サイトへ誘導する**流れも作ってください。

SNSで代表的なものはTwitterやTikTok、Instagram、Facebookです。

各SNSには特徴があって、Z世代と呼ばれる23歳以下の世代は、TwitterやTikTok、Instagramから情報を得て、それ以上の世代になるとFacebookの活用が多い

と言われています。

SNSを通じて積極的に自社のアイデンティティを発信することで、徐々に集客効果が生まれます。正直なところ、その商品が突き抜けていれば、どのメディアでも一定の宣伝効果は出ると考えていただいて構いません。

重要なのは、**すぐに成果が出なかったとしても、コストと手間を惜しまずにSNSを通じて直接コミュニケーションを続ける根気を持つ**ことです。

SNSは「中の人」をいかに演出していくかが大事

SNSを活用する以上、必ず発信する〝誰か〟が存在します。いわゆる「中の人」です。

まずSNSを行なうにあたっては、あなたや他の社員などの「中の人」が最も活用しやすい＝毎日でも投稿できるメディアを選ぶようにしましょう。

その上で、発信力が高いメディアにするためには、「中の人」がどういう存在かを中心に発信していくのです。

一般的に、ＳＮＳ活用では「商品を生活の中に置く」という手法が用いられます。昔のようにグラビアアイドルがビールを飲んで笑顔で「おいしい！」という昭和のオジサンたちが喜ぶようなスタイルから、現代では有名人や芸能人でも生活スタイルを収めた写真の中にこっそりと商品を配置するようなものに変化しています。

いかに**自然に、商品ファーストではなく、〝生活の中の一部〟にその商品を馴染《なじ》ませる**かが重視されるようになっています。

デジタル社会の現代では、人々は毎日の生活の中で４０００〜１万件の広告に晒されていると言います。そのため、欧米では人々の生活を邪魔しない「倫理的（エシカル）マーケティング」が重要視されています。

従来型の押しつけがましい販売促進ではなく、商品を自然に生活の一部に忍ばせるためには、「中の人」のキャラクターや生活感が重要になってきます。

勝ちパターンは、商品より先に「中の人」のファンを作る

こう考えていくと、商品よりも先に「中の人」にファンを作ることが重要なのがわかってきます。

今の人たちは、基本的にCMを信じません。信じるのは「影響力のある誰か」や「何か特徴を持った有名な個人」です。SNSで言えば、実際に投稿をしている人で「その人がどんな人か」がフォローするかどうかの分かれ目になります。

「中の人」が実際に普段の生活を発信しながら、どんな人物か、どんな生活をしているのかに共感してもらって、「ウマが合いそうだ」と思った人に商品を買ってもらう。

これが、これからのSNSでのモノの売り方です。

SNSを始めるにあたり、つい「どう書けばいいのだろう」と気になる人も多いかもしれません。しかし、**大事なのは、テクニックよりも継続すること**です。私は、「中の人」が見えるSNSの運用は、「集客」というよりも、むしろ接客の一環である

とすら考えています。

「中の人」が継続して発信していることで、やがて共感してくれる誰かが現れ、フォロワーになり、ファンになり、信用の貯金が貯まっていきます。「実店舗で温かな接客態度やおもてなしに惚れていただく」ことのSNS版だと思ってください。

そうやって信用を拡大しておきながら、「中の人」がどんなものを食べていたり、どんなものを使っていたりするのかが気になる方向へ持っていきます。次に「中の人」の生活の中に、そっとプレミアムリッチ商品を忍ばせます。時には、直接「買ってね！」と宣伝をするのもスパイスになります。

「中の人」を主役にすると、**商品ファーストではなく、信用でお客様に買ってもらうことができる**のです。

顧客リストを活用すれば、リピートとファンを獲得できる

自社ECサイトでの販売を続けていると、注文が入るたびに貯まっていくものがあ

ります。

それが**「顧客リスト」**です。顧客リストというと、アナリティクスやビッグデータ解析などの難しい単語が浮かんできて、ややこしそうな印象を受けるかもしれませんが、そんなに難しく考える必要はありません。

要するに「自社の商品を求めている人のリスト」と考えましょう。

顧客リストを眺めるだけでも、年齢などの傾向は掴めますが、顧客リストにはもっと良い活用方法があります。

買った人のデータから、今後の購入につなげるヒントをもらうのです。購入したという結果からリピートにつなげていくためには、適切なリマインドと再注文があった際のコミュニケーションが必要になってきます。

とはいえ、これも難しく考えすぎず、やりやすい方法から試してみてください。

注文が入るたびに、**そのお客様の特徴などちょっとしたメモを残して**いけば、適切なタイミングでのリマインドやコミュニケーションを取りやすくなります。

例えば、「去年も同じ時期に注文してくれた」「前回はまとめ買いをしてくれた」「誰からの紹介か」などをメモベースでいいので残しておき、リマインドのメールを送ったり、再注文が入ったときのひと言メッセージとして付け加えたりするのです。

このような**顧客に合わせた小さな工夫**を加えられるのは、自社サイトならではのものです。

メールを送る際にポイントとなるのが、自社サイトなりの**「人の温もり」**を付け加えることです。

あなたもECモールで買い物をしたことがあると思いますが、注文をしたら一般的に配信専用の注文確認メールや出荷確認メールが送られてくるはずです。

ECモールでは、必要な定型文だけが書かれた無機質なものであるのに対し、自社サイトではそこにひと言メッセージを加えることができます。

例えば、「毎月のご利用、ありがとうございます」や「今回はプレゼント用ですか？喜んでもらえることをお祈りしております」などです。

これまでのメモや注文ステータスから、お客様に応じたオリジナルメッセージを導き付け加えることで、お客様とのコミュニケーションが発生し、ECモールではできないファンづくりが可能になります。

ちなみに、このような**一文を加えるタイミング**は、配送状況のメールや出荷確認のメールがおすすめです。たくさんメールが来ると、誰しも開くものと開かないものが出てきます。その中でもこれら「必要な事務連絡」メールは開封率が高いからです。

お客様の目に触れる確率が高いメールを通じ、お客様と1対1のコミュニケーションを行なうことで、最初は1人だったファンが10人、100人、1000人と増えていきます。そして、1万人を超える段階になれば、ECモールからの完全な自立も可能になるでしょう。

顧客リストは、お客様とのコミュニケーションを通じたファン育成に活用してください。

狭い業界でもナンバー1なら、日本での頂点も目指せる

このようにして独自化し、狭い世界でプレミアムリッチ商品を発明し、認知度を上げてお客様とコミュニケーションを取るやり方を続けていると、やがてその商品が「日本一」になることも夢ではなくなってきます。

実際に私は、パスタの世界でナンバー1になるのではなく、「ボロネーゼの世界でナンバー1」になることを目指して、現実にそれが見えるところまで来ています。徐々にではありますが、「ボロネーゼと言えば、BIGOLIって知ってる?」と言われるようになってきているのです。

もちろん、ここまで来るにはそれなりに時間もかかりましたし、苦労もありました。ですが、大事なのは、**最初から頂点を視野に入れて商品を開発し、「押さえておくべき商品」の1つになることを目指す**ことです。日本一になるのは、ピンポイントで構わないのです。

狭い分野でも日本一になれば、商売的にも〝放っておいても売れる〟状況を作り出すことができます。

プレミアムリッチ商品なら、どこまででも尖っていける

第3章で「常識の壊し方」の話をしました。差別化よりも独自化の視点で、商品を

発明レベルで開発していく、という内容でした。

あなた自身は発明レベルだと考えて商品を開発したとしても、思うように売れない場合もあります。そんなときは**「まだ常識の壊し方が足りない」**と考えるようにしましょう。

現在は情報過多な社会で、情報がどんどん拡散していく世界です。

そんな世界で売れるものを作るためには、**誰かが思わず発信したくなるくらいに尖っている必要**があります。人間は誰しもおもしろい話をしたい、相手の興味を引くことを伝えたい、という感情を持っています。逆に、知っている話をされることほどつまらないものはないでしょう。

「人に話したくなるもの＝今までに見たことがないものや他とは全然違うもの」です。

そういったものは、基本的に既存の常識を破壊した、まったく新しい商品・サービスであることがほとんどです。針のように尖ったものだからこそ、情報が拡散している社会の中で突き抜け、大きな穴を開けることができるのです。

常識から外れるものは、世の中に受け入れられるかという不安もあるかもしれません。でも、あなたが「これだ！」と確信が持てるなら、必ずどこかに同じように考えてくれる人がいると信じましょう。

私がかつてシェフからボロネーゼを食べさせてもらったとき、「必ずこれを食べたい人が日本中にいる」と感じたのと同じです。

世間をチラ見しながら商品を考案するのではなく、どんどん常識を壊す。それができるのがプレミアムリッチ商品です。

クオリティのためなら、お客様の反応も貪欲に使う

一点突破できそうな商品ができ上がったら、早く市場に出して儲けたいと考えると思います。それ自体は間違っていませんし、むしろおすすめします。

ただし、**リリースしてからもお客様の声を聞いて、納得のいくまで改良を加え、クオリティを追求**していってもらいたいと思います。

「お客様の声を聞く」と言うと、迎合するように感じるかもしれませんが、そうではありません。**より高みを目指すために、自分なりにお客様の声をアレンジする**のです。

例えば、神田の店でボロネーゼを出し始めたとき、カウンターだけの立ち食いスタイル店舗だったため、常にスタッフとお客様は向かい合う形でした。

BIGOLIのボロネーゼは、チーズをかけて提供しますが（チーズをかけないものもあります）、お客様によっては食べているうちにチーズが先になくなってしまうケースがありました。お客様からももっとチーズが欲しいとの声もあり、そこで私は「もっとかけましょうか？」と〝追いチーズ〟を提案してあげたりしていました。

ところが、少し距離が離れた反対側の席ではなかなかそれが難しく、かつ忙しくなってくると個別に対応していられなくなっていきました。

そこで「それなら最初からドバッとかけておけ」と、チーズの量を10倍にしてみたのです。ですが、それをやると今度は味のバランスが崩れました。

せっかくのプレミアムリッチ商品の味が落ちるのは、本末転倒です。

私はあきらめずに、チーズも味も両立できる方法を考え続けました。結局、解決方法として、チーズの量は増やしても味のバランスを壊さないよう、チーズの種類を変更することにしました。

こうして、商品をリリースしながらお客様の声を聞き、クオリティを追求するためのブラッシュアップを行なっていったのです。

その結果、BIGOLIのボロネーゼは、高くそびえたチーズのシルエットが話題になり、お客様に宣伝してもらったり、SNSでバズったりするようになって、今まで以上に拡散されるようになっていきました。

名もなきインフルエンサーたちが24時間宣伝してくれる

一人メーカーとして創業した場合、どうしても「すべてのリソースが自分一人にのしかかってくる」という、避けては通れない問題があります。

最初は広報部もないでしょうから、トップ自身が商品開発から営業、販売促進など、何から何までやらなければいけません。

ですが、そこにファンが生まれれば状況は一変していきます。

ここで言うファンとは、**「対価を払わず価値を共有できる人たち」**のことです。

彼らはあなたが寝ている間でも、他の誰かにあなたのプレミアムリッチ商品を宣伝したり、SNSでつぶやいたりしてくれます。結果としてあなたの知らないところで話題づくりや拡散が行なわれます。もしかすると、それをたまたまテレビ局のディレクターが目に留めて、取材を申し込んでくることも考えられます。

実際にBIGOLIのボロネーゼも、今まで50以上のマスコミに取り上げられましたが、その陰には、名もなきインフルエンサーたちによる情報の伝播があったことは間違いありません。

このように、ファンやインフルエンサーは、きわめて優秀かつ省エネな広告塔になってくれます。一人メーカーとして孤軍奮闘しているからこそ、中長期的な目線でファンづくりをしていってください。

インフルエンサーからの支持は、「草の根」的に集める

インフルエンサーを考えるときに重要なのは、**有名どころよりも、むしろ名もなき**

インフルエンサーのほうがいい、ということです。

もちろん、有名どころにアプローチしてもいいのですが、お金もかかりますし、逆に今の時代は「有名どころが宣伝している＝お金を払ってやっている」と考えられてしまう可能性が高いです。

言うなれば、100万人のフォロワーを持っている1人より、1万人のフォロワーを持っている100人で考えるべきなのです。

食べログなどで考えてもらうとわかりやすいですが、星の数が4点だけど、口コミが数件しかないものより、星の数が3・5点だけど1000件の口コミがあるほうが信用できるはずです。

インフルエンサーもそれと同じ考え方です。**まずは数を稼ぎ、数を稼いでいるうちに本当に有名な人の目に留まる方法を検討すべき**なのです。

最近では、Googleの検索アルゴリズムも昔に比べて進化しています。

かつては、お金をかけてSEO対策をすればホームページを上位表示させたり、特定キーワードを多用したりすることでブログやランディングページを上位表示させられました。しかし最近では、そのような意図的・強制的な手法でバズらせたものは、

Googleは見分けるようになっています。

現在はどちらかと言うと、根強いファンの数や、口コミやコメント内容をそれこそ草の根レベルまで拾って数値化し、上位表示させるようになっています。やらせではない消費者の生コメントが集まるページは、検索の評価が上がるのです。

つまり、飛び道具を使って認知度を上げようとするのではなく、**地道にやってファンを得て、支持を集めていくしかない時代**なのです。

第5章

専門店として成功した数々のプレミアムリッチ商品

男性の潜在的な願望を叶え、上場まで果たした「男性用化粧品DUO」

ここまでプレミアムリッチ商品を開発する考え方や方法論についてお伝えしてきました。

もう少し発想を広げてもらうために、ここからはすでに世の中で一定の支持を得て成功している興味深いプレミアムリッチ商品を紹介していきます。

単に商品の紹介だけではなく「どういうおもしろいポイントがあったのか」という部分にフォーカスするので、あなたのプレミアムリッチ商品開発のヒントにしてみてください。

日本の人口は約1億2600万人。男性と女性がいるので、ざっくり半分の約6000万人は男性ということになります。

そんな男性特有の悩みやニーズにフォーカスして成功した商品が、プレミアアンチエイジング株式会社さんの「男性用化粧品DUO」です。

そもそも化粧品のメインターゲットが女性なのは、言うまでもありません。

育毛トニックや洗顔料、ハンドクリームのようなものまで含めてしまうと、ジェンダーレスになってきますが、それでも「男性が化粧をする」イメージとなると、歌舞伎や大衆演劇などの世界や、ホストやオネエなど夜の世界の限られた人々が対象と思われるでしょう。

ですが、この考え方は、時代とともに徐々に変化しています。

私はかつて映画会社にいましたが、昔の日本映画に登場する男たちの人物キャラクターは、化粧とは無縁でした。どちらかと言うと、男たちは汗や泥、時には血にまみれていて、無骨・無頼であることが男らしいと見なされていました。そのことで「男は男らしく、女は女らしく」という住み分けができていたように思います。

ところが、現代では男性でも化粧をすることが珍しくなくなりました。例えば、芸能人でもMattさんやGACKTさんのようにゴリゴリに化粧をしてテレビに出演するタレントが増えています。観る側も特に「男が化粧して」などと驚くこともありません。

そんな変化に伴ってか、女性が男性に求める条件にも、新しい感性が生まれました。女性に「どんなタイプの男性が好きですか？」と聞くと、ほぼ100%の確率であるワードが入るようになりました。それが「清潔感」です。

この清潔感という言葉は、なかなかに曲者だと私は思っています。

普通に男性の清潔感を捉えると、例えば、毎日お風呂に入っていたり、髪形を整えたり髭を剃っていたり、アイロンをした服を着ていたり……ということが思い浮かぶと思います。

ですが、男性がイメージするそれらの清潔感と、女性がイメージする清潔感はどうやら別物のようなのです。

私の友人の例を紹介しますが、あるとき、彼は同じ会社の女性社員から「もっと清潔感があるようにしたほうがモテますよ」と言われたそうです。その友人は先述のとおりの男性なりの〝清潔〟にはしていました。ですから、清潔の意味するものがわからなかったそうです。

それでも、物は試しと男性客専門の理美容店に行き、眉毛も含めて顔剃りをしてもらいました。すると、週が明けて出勤した際、同じ女性社員から「イイ感じですね」

と褒《ほ》められたそうです。

友人からすると眉毛を整えたくらいの変化しかなかったのですが、評価が180度変わったのです。

いつの頃からか、清潔感というワードの中身が変化していたわけです。今や肌がきれいなこと（肌荒れやニキビがないこと）、脱毛していること（毛深くないこと）、髪形や髭や眉毛がきちんと手入れされていること、臭くない、のではなく〝いい匂い〟がすることなどが、男性にも「清潔感」として求められるようになりました。

さらに、今の若い世代がスマートフォンで最も重要視する機能の1つは「インカメラ機能」です。

SNSの躍進で1億総カメラマン時代でもありますから、自撮りも含めてインカメラの機能は重要で、ちゃんと〝映える〟ことを男性も女性も重視する時代になっていると言えます。

そんな時代の変化をつぶさに読み取り、プレミアアンチエイジング社は、「DUO」という男性用化粧品を開発しました。商品はたちまちヒットし、たった1つの商品だけで東証マザーズに上場まで果たしたのです。

かつては非常識と思えていた男性の美容が常識になる小さな兆しを捉えた同社。男性の密かな美容願望を堂々と商品化したことで、人口の半分が対象となるプレミアムリッチ商品を開発したと言えるでしょう。

型破りなネーミングとアクロバティックな展開で人気商品になった「面白い恋人」

土産物の3大名物と言えば、札幌の「白い恋人」、仙台の「萩の月」、福岡の「博多通りもん」を思い浮かべる人は多いでしょう。

この3社はコロナ禍による観光需要の激減で、どこも苦境に追い込まれていました。ですが、3社は2021年5月に銘菓3種を詰め合わせた「おみやげんきBOX」を開発し、「ニッポンのおみやげんきプロジェクト」のWebサイト限定で販売しました。

お土産産業内では、本来ライバル関係にある3社のタッグは、企業としておもしろい試みだと私は思いました。この企画の呼びかけは「白い恋人」を作っている石屋製菓によるものだったそうです。

さて、この石屋製菓ですが、私は前々からユニークな企業だと注目していました。そのきっかけになったのが『「面白い恋人」事件』です。

私の出身地である大阪には、吉本興業があります。ご存じの方も多いかもしれませんが、吉本興業はお笑いなどのエンターテイメントの発信だけでなく、お菓子事業として「面白い恋人」という、みたらし味のゴーフレットを発売しています。

読んで字のごとく「白い恋人」をパロディ化した商品で最初はデザインもそっくりだったのですが、当然の帰結として2011年に本家本元の石屋製菓から商標権侵害で訴えられました。

これが『「面白い恋人」事件』です。

関西人の私からすると「関西人らしい発想やなぁ」と思う反面、同じくBIGOLIの商標権を持つ身としては、確かに訴えたくなる事件だったと思います。

訴訟の結果としては、吉本興業側はパッケージデザインを変更し、販売地域も限定する条件で、約2年後の2013年に石屋製菓と和解します。

ところが、真におもしろいのはここからでした。

なんとこの2社は、6年後の2019年にタッグを組みました。石屋製菓が大阪市中央区にある百貨店、大丸心斎橋店に直営店（大阪初進出）をオープンするに際し、共同開発で新商品を発表することになったのです。

しかも、その提案を行なったのは石屋製菓側からでした。

ちなみに商品名は「ゆきどけ」です。

2つの企業が一度は裁判で争い、和解になってから今度は握手をする。まさに2社のいざこざからの雪解けをアピールする秀逸なネーミングだと思いました。

後の章でお伝えしますが、プレミアムリッチ商品はネーミングが非常に重要です。どれだけ中身にこだわっても、ネーミングが普通であれば素通りされ、認知される可能性は極端に下がります。

『「面白い恋人」事件』から「ゆきどけ」までの吉本興業と石屋製菓のアクロバティックな出来事は、消費者から注目される仕掛けの重要性も示唆してくれています。

独特なネーミングで1本1000円でも売れたトマトジュース「オオカミの桃」

ネーミングについて、もう1つおもしろい商品があります。

それが「オオカミの桃」というトマトジュースです。この商品に関しては企業がどうというより、純粋に「かゆいところを突いて、ヒット商品になった」と感じています。

そもそもこの商品は変なのです。何が変かと言うと、トマトジュースなのに「桃」という名前がついているところです。何も知らずに「オオカミの桃」というジュースが売られていたら、普通は桃のジュースだと思って買うでしょう。

そして、帰って飲んでみたら全然違って、トマトジュースだった――こんな事態になれば、普通ならクレームが来てもおかしくありません。

にもかかわらず、トマトジュースに「桃」の名前をつけたのはなぜか？

それはトマトをラテン語の学名で訳すと「食べられるオオカミの桃（リコペルシコ

ン・エスカレンタム・ミル）」となるからです。

つまり、きちんと学説が背景にある商品なのです。

こういった部分に、私は一点突破と同じ精神を感じます。

とはいえ、トマトジュースに桃の名前をつけるのは、いくら学説があるとはいえ、勇気がいる行為です。万人に受けることを本旨としている大手企業にはなかなか真似はできませんし、ネーミングが独特なだけでなく、味にも絶対的な自信がないと、この騙《だま》しのようなラベリングはつけられないでしょう。

「オオカミの桃」は、ネーミングの活用の可能性が感じられる事例でしょう。中身に自信があればこそ、ネーミングは思い切り遊びごころを発揮できる。今後、商品開発を考えている人は、この事例に触発されて、チャレンジ精神が沸き起こるのではないでしょうか。

異なるワンコンセプトで違う山の頂点に立つ「ハーゲンダッツ」と「ガリガリ君」

「氷菓子」というカテゴリーの中で、細分化・特化したターゲットを設定し、潰し合うことなくそれぞれにヒット商品となった例が、「ハーゲンダッツ」と「ガリガリ君」です。

どちらも氷菓子ではありますが、片方はアイスクリームで、もう一方はアイスキャンディー。さらに、それぞれのブランド戦略も商品ターゲットもまったく異なるこの2つの商品について深掘りしていきましょう。

まず「ハーゲンダッツ」は、〝子どものおやつ〟だったアイスクリームを、「大人が楽しめ、大人が甘いもので幸せになれる」と変化させることで新しい市場を作りました。

価格としては1つが300円近くしており、一般的なアイスクリームより2〜3倍高い価格設定になっています。必然的に買うのは、子どもよりもお金に余裕のある大人が多くなります。

大人向けの商品だけあって、食べ方も店で買ってすぐに封を切ることは想定していません。家に帰って優雅に食事を楽しんだあとのデザートや、お風呂上がりのまったりとした時間を楽しむお供として設計されています。そのため、しっかりとしたカップに入ったアイスクリームをスプーンですくって食べる、という「食事的」な側面を持たせています。

テレビＣＭも商品そのものをダイレクトに強調するようなものではありません。初期のＣＭであれば、ダンスをする男女のバックにフラメンコ調のＢＧＭがかかり、男性が女性に食べさせてあげる官能的な演出になっています。

一見すると何の商品ＣＭかわからないようになっていることで、視聴者は商品認知よりもシチュエーションを先にイメージし、結果的にハーゲンダッツをそのシチュエーションに合ったフルネス度の高い存在と認識するようになるのです。

一方で「ガリガリ君」は、本来は家に帰って両手を使って食べるものだったかき氷を、外で片手でも気軽に食べられるようにした商品です。

子どもが大好きな昔ながらのアイスキャンディーのような見た目ですが、実際に食べてみると中は氷になっていて、サクッと食べて火照った体を冷やせる。価格も１００円以下に抑えられていて、まさにファストフード感覚で、食べる回数を増やしてもらう戦略が見てとれます。

ちなみに、ガリガリ君のターゲットは子どもだけだと思いきや、実はそれだけではありません。

親世代に対しても、幼少期の懐かしさを感じさせる狙いもあるようです。親子で一緒に食べるシチュエーションもあるため、子どもから40代までの幅広いターゲットを設定しているようです。

ＣＭはきわめてシンプルでわかりやすい作りです。「ガリガリ君」という名前の少年が走ったり転んだりしながら（要するに外で遊びながら）汗をかき、その合間にアイスキャンディーを食べる。ＢＧＭもシンプルで商品名を何度も連呼するような、昭和のＣＭっぽさを前面に出しています。

また、話題性のつくり方もおもしろいです。

単一商品ながらも、消費者を飽きさせない工夫も着目ポイントです。ソーダやコーラやオレンジといった定番の味だけではなく、ヨーグルトやコーンポタージュ、梅、アイスコーヒーなど変わった味のものも多数出しており、その種類は１５０種類以上あるようです。味そのものというより味のバラエティが評判になり、広告予算をかけずに話題づくりに成功しました。

この2つの商品が興味深いのは、さまざまな種類の味を出していながら、コンセプトはたった1つということです。長年にわたりコンセプトの軸をブラさずに商売をし続け、ヒット商品を作っているところです。

しかも、狙っているコンセプトがお互いにまったく別なので争うこともなく、お客様自身がシチュエーションに合わせて、両方の商品を使い分けている状況が生まれているのです。

この2商品の戦略は、商品開発におけるコンセプトの軸を持つ重要性がよくわかる事例です。

日常食をプレミアム商品に昇華させた「卵かけご飯専用醤油」

あなたは「卵かけご飯」と聞くと、どんなイメージがありますか?

メインの食事というよりは、締めのご飯もの、朝の時間がないときにサッと食べられてタンパク質が摂れるおいしい日本食、冷蔵庫の中にあるものでサクッと作れる日常食……人によって捉え方はさまざまかもしれません。

　そんな一般的な食べ物である卵かけご飯（ＴＫＧ）が、あるときからスポットライトを浴び、もはやブームを通り越し、すでに定番化しつつあります。その立役者として、とあるプレミアム商品が挙げられます。

　その１つが「卵かけご飯専用醤油」です。

　すでに各メーカーが開発し販売を行なっているため、特定のメーカーやブランドを取り上げることはしませんが、ネット検索をするだけで何種類もの「卵かけご飯専用醤油」が出てきます。

　１本がだいたい５００円前後で、ほとんどの商品には、醤油以外のたまり醤油や出汁やみりんがブレンドされています。普通の卵と醤油だけでは出せないコクを実現し、卵かけご飯以外にも使える調味料としても重宝されているようです。

　価格もリーズナブルかつ使用範囲が広いため、今ではすっかり定番化しましたが、販売当初は、物珍しさやこだわりなどの話題が先行していました。その後、自宅用はもちろんのこと、人へのプレゼントとしても活用され、瞬く間にヒット商品となりました。

他にも、卵かけご飯フィーバーを巻き起こしたプレミアム商品は存在します。

株式会社小林ゴールドエッグの卵かけご飯専用の卵「究極のたまごかけごはん専用たまご」や、タカラトミーアーツの卵かけご飯製造機「究極のＴＫＧ」です。後者はYouTuberでも数々取り上げられ、人気を博しました。

また、卵かけご飯のいわゆる〝味変〟用の周辺商品として、卵かけご飯専用のコンビーフや卵かけご飯専用の米なんてものまで発売されていたりします。

卵かけご飯という日本人にとって当たり前の国民食に目をつけて、よりプレミアムな味わいへと導く商品陣は、「面積×ニッチ」の参考になる戦略かと思います。

健康志向とプチ贅沢願望を叶える1個3000円「プレミアムモンブラン」

インターネットサイト「みんなのランキング」によると、日本人が好きなケーキの種類ランキングの第1位はショートケーキ、そして、チョコレートケーキやチーズケーキやシフォンケーキを押しのけて、第2位がモンブランだそうです。

一般的なケーキ屋さんでモンブランを買うと、だいたい300～400円の価格帯でしょう。ですが、世の中には1個2000～4000円近くもするモンブランがあるのをご存じでしょうか？　しかもホールサイズではなく、1ピースでの値段です。

それが、パティスリーSATSUKIの「スーパーモンブラン」（3780円）と、モンブラン専門店「栗歩」の「熟成無糖モンブラン」（2420円）です。

他にも高級なモンブランはたくさんありますが、私がこの2つをあえて挙げたのは、消費者の健康志向のニーズや〝プチ贅沢〟ニーズを見事に捉え、プレミアム商品として展開しているところです。

まず「スーパーモンブラン」には、1805年創業の老舗和菓子店「船橋屋」のくず餅由来の乳酸菌「くず餅乳酸菌」が入っています。

これはグルテンを取り除いた小麦でんぷんを450日間も熟成発酵させたもので、体に良いという特徴があります。食べた人から「くず餅を食べると、なぜか調子が良い」という声が上がるほど、健康に寄与する食材を使用しているのです。

次に「熟成無糖モンブラン」は、文字どおり砂糖不使用です。無糖にもかかわらず、糖度30度以上を引き出した能登栗のペーストを使用し、さらに45日間熟成させることで、砂糖がなくても自然な甘みや香りを楽しめるように作られています。

小麦のグルテンや砂糖は、人間の体にはあまり良くないものとして知られています。また、腸内環境を整える「腸活」が話題になっている時代に発酵食品を使用することで、どちらのモンブランも健康に配慮しながらも、人の満足を叶えるおいしさを両立させています。

これらのモンブランを私が「うまいことやってるな〜」と思うのは、健康志向や腸活もさることながら、消費者のかゆいところのニーズをとらえている点です。

誰しも、肥満が体に良くないことは知っています。「メタボ」や「自粛太り」という言葉が流行っているように、男女ともに常に肥満に気をつけ、健康に気を使う時代です。

そんな中、筋トレマシンが売れたり、プロテインが過去最高の売上を叩き出したり、ジム通いをする人があとを絶ちませんが、それでも私たちには「甘いものを食べたい」という抗えない欲求が存在します。

「甘いもの＝ケーキを食べたら太る。でも食べたい」

ダイエットを心がけている健康志向の人たちは、普段は食生活に気を使いながらも、たまにご褒美や解禁日やチートデイという言葉を使って、甘いものを食べようとします。そして、そんなときだからこそ中途半端ではない、究極においしいものを食べたいと考えます。

そこに選択肢として登場するのが、これらのモンブランです。

2000～4000円近い価格も絶妙で、ご褒美やプチ贅沢にバッチリとハマる価格帯。しかも、甘いものなのに健康志向なので「これなら食べても構わない」という心理が消費者には働くのです。

実は、これは心理学上での「認知的不協和」という概念を使っています。人間は矛盾した感情に不快感があるとき、つじつまを合わせようとします。「食べたいけれど、太る」という欲求に対して、「健康にいいなら食べても良い」という理由や言い訳を差し伸べることによって、罪悪感を消す効果があるわけです。

BIGOLIでも、この手のことはよくあります。

先述のとおり、BIGOLIのボロネーゼは男性向けなので、一人前のボリュームが世の一般的なパスタの2倍あります。ですから、女性だと食べ切れないことが懸念されます。

ですが、私はそういう女性のお客様がいたら、このように言うことにしています。

実はこの量は、海外では一般的な量です。実際問題として、女性のお客様でもペロリと平らげていますます。さらに「これを食べたら、夜ご飯いりませんよ」を付け加えると、一気に「食べてもいいもの」に変わります。つまり、昼のカロリー過剰は気になるものの、昼・夜セットで考えれば帳消しになるのでは!? という言い訳を用意してあげるのです。

基本的に「おいしいものはあまり体に良くない」と言われています。

牛ロース、牛フィレ、白子、ラーメン、エビ料理、蟹みそ、ビール、日本酒……ほんの一部を挙げただけでもどれもおいしそうですが、すべて痛風の原因であるプリン体を多く含みます。

それでも、人はおいしいものを食べたい生き物です。

ですから、そこに「ちょうどいい言い訳」を用意するだけで、驚くほどその商品は売れてくれます。

こだわりの素材と店主の人柄でリピートしたくなる「プレミアムおにぎり」

最後に紹介するのは、私の身近な事例です。先日、なんとも不思議なおにぎり屋さんに出会いました。

私の住んでいる京都市内で、哲学の道にほど近い店に息子とともに訪れました。

店内に入ってみると、一見すると寿司屋を思わせるカウンターだけの店。カウンターの向こうには、昔はやんちゃをしていたような雰囲気の40代の強面の男性が迎え入れてくれました。

私と息子はそこでおにぎりを食べたのですが、最初は「失敗したかな？」と思ったほどです。ですが、食べ終わる頃には「また来たいな」と思うようになりました。

店の名前は「青おにぎり」でした。

結局それ以降、私はこの店を3～4回リピートしています。

何が私をそこまで駆り立てたのか、後日冷静になって分析をしてみました。すると、

「この店のこだわりと店主の人柄が自分の中で決め手になっている」と自覚しました。

この店では、おにぎりを頼むと、例えば「梅と鮭とおかか」と頼んだとしても、その順番で出てきません。しかも、3つを頼んだら一度に出すのではなく、ちょうど1つを食べ終わる頃合いを見計らって次が出てきます。

店主に理由を聞いてみると、「どれが最後に来たらお客様がうれしいか」を考えて出しているそうです。一度に出さないのも、握りたてを食べてもらいたいからとのこと。

この話を聞き、私は店主のおにぎりとお客様への愛情・こだわりに胸を打たれました。

次に、店主の人柄ですが、これは2回目に来店したときに店の入り口に貼ってある写真を見たのがきっかけでした。

そこに貼ってあったのは、よくあるテレビ取材を受けたときの写真などではなく、鴨川沿いでリヤカーを引きながら10年かけてこだわりのおにぎりを売り歩き、今の店を構えた「青おにぎり」の歴史を語るものでした。

写真を見ていると「がんばってこの店を構えたんだろうな」と素直に感動し、一瞬でファンになってしまいました。「またここに来よう」「おにぎりを外で食べるならここにしよう」という気になったのです。

店主は決して喋りが上手な人ではなく、むしろ寡黙なタイプです。ですが、その分、おにぎりに対する情熱や素材に対する想いが伝わってきて、商品と真摯に向き合っている様子がうかがえました。

おにぎりはイートインで1個200円からなので、コンビニで売っているものと比べると2倍近い開きがあります。ただし米も塩も海苔もトッピングの具材も厳選され、吟味されたものです。

こだわりの味と店主の人柄で、ちょっとした贅沢体験や発見の楽しさがあり、他とは違うプレミアムリッチ感を味わうことができる店でした。

商売の原点は意外とシンプルです。「おにぎり1つでも、ここまでできるのか」と思い知らされた事例でした。

一点主義の専門店は、お客様の「脳内検索」の上位に入る!?

人々は、何かを探す際に「検索」を行ないます。ネットなどで幅広く検索する前に、多くの人は自身の過去の経験や知識で「○○と言えば」を探します。この脳内検索の「○○と言えば」の選択肢に、自分の商品が入ることは非常に重要なことです。

たとえば、任侠もの映画の代名詞と言えば「健さん」こと高倉健でしょう。もちろん任侠もの以外にも「幸福《しあわせ》の黄色いハンカチ」や「鉄道員《ぽっぽや》」「ブラック・レイン」「新幹線大爆破」「八甲田山」など多数の映画で主役を務めた名優ですが、亡くなった今でも私たちの脳裏には「健さん=男の中の男」というイメージがこびりついています。

ここまでさまざまなプレミアムリッチ商品を紹介してきましたが、共通して言えるのは、**お客様に「これを買うならここ」と認識されている**ということです。お客様の記憶にどっしりと根を下ろし、脳内検索順位で上位をキープすることが重要なのです。

私たちは何かを「しよう」と思ったとき、必ず頭の中で検索を行ないます。

何かを買おう、何かを食べよう、誰かに頼もう、どこかへ行こう……と何かにつけて私たちは必ず検索を行ない、しかも、それは自動的に行なわれます。

そんなときに、パッと「ここだ」と思いつき、店舗やサイト訪問などのアクションを起こしてもらうためには、言ってみれば健さんのように〝顔のある〟商品や店やブランドでなければいけません。

そんな店になる方法が「専門店」になることです。

一点突破主義によって何かの商品だけを突き詰めている専門店になると、お客様は自然と「何かあるな」と思ってくれます。専門的と銘打つことで「よほどこだわった何かすごいことをやっている」と感じてくれます。

そして、そういう印象を植えつけることができれば、商品であっても店であっても場所であっても、お客様の脳内検索の上位に来ることができるようになります。

これに対して、ファミレスのような何でもある全方位な店は、役者でたとえるならば「エキストラ俳優」たちになります。

ファミレスもエキストラ俳優たちも、もちろん必要な存在ではあります。ですが、一人メーカーが勝ち残っていくときに戦略として考えるべきは、「顔のある俳優＝専門的な商品・サービス」です。

専門店になればなるほど必然的に商圏は狭まっていきます。より多くのお客様を集め、売上を上げていくためには、商圏を広げていくことが必要になります。

ですが、**一点主義でも広げていくことができるのが今の時代**です。

ここまでにお伝えしたとおり、ＳＮＳの躍進によって、今の時代は誰でも何かの情報を発信でき、そこに注目と賞賛が集まる世界です。言い換えれば、誰もが「こんなおもしろいものがあるよ」と伝えたがり、常にネタ探しをしている〝**1億総ネタ探し社会**〟なのです。

そこにあなたのプレミアムリッチ商品を伝えたくなるネタとして投入することができれば、すでに専門店が流行る土壌ができ上がっている世界では、注目・拡散されていくことは充分に可能です。

「〇〇と言えば」というフレーズを具体的に決め、お客様が脳内検索をしたときに、猛スピードで1位を勝ち取れる商品開発を意識してみてください。誰かの脳内1位を勝ち取ることができれば、拡散によって大勢の人の脳内1位も得られる可能性が高まるでしょう。それができれば、あなたは「○○といえば」という分野における定番商品を開発することに成功している、と言えるでしょう。

第6章

良い商品なのに行列ができない店の本当の理由

100点は及第点、200点の高みを目指そう

ここまでは、プレミアムリッチ商品そのものにフォーカスして考え方や開発の方法論、世間にあるさまざまな好事例を見てきました。しかし、たとえ良い商品があっても、なぜか話題にならなかったり、繁盛しない店は世の中にたくさん存在します。

本章では商品そのものから少し視点を変えて、話題作りに重要な、商品以外の要素を考えていきましょう。

残酷なようですが、どれだけいい商品を作っても認知されなければ存在していないのと同じです。

多くの消費者にあなたのプレミアムリッチ商品を届け、お客様になってもらい、愛し続けてもらうための考え方や方法論をお伝えしますので、商品開発・展開の一環として想いを巡らせてみてください。

ひょっこりはん、にゃんこスター、ブルゾンちえみ。

この3人の共通点は何でしょう？

失礼を承知で言うと、正解は「一発屋芸人」です。

芸人の世界には一発屋芸人という言葉があります。

一時的に大ブレイクしてテレビに出まくるも1年後には消え、数年経つと「あぁ、そんな人もいたね」と忘れ去られてしまう人たちのことです。冒頭に挙げた人たち以外にも、世の中には一発屋芸人は数多く存在します。

もちろん、芸人の中には有吉弘行さんのようにドン底から再ブレイクを果たす人もいますが、多くの一発屋芸人はその後も細々と活動を続けるか、別の道を選ばざるを得なくなります。

これは、店や商品でも同じ現象が起こるので、決して他人事ではありません。

その代表的なものの1つとして「タピオカミルクティー」が挙げられるでしょう。

少し前までは都内のどの駅で降りても必ず1軒は店があったものの、今では多くの店舗が消えて、一線を退いた芸人が地方営業で稼ぐように、地方都市に市場を移していっているようです。

店も商品も、一発屋で終わってしまうのには理由があります。

要するに「リピートされない」ということなのですが、その理由は**100点しか満たしていないから**です。

「100点でも取れればいいんじゃないの？　世の中には100点すら取れない商品が山のようにあるのに」

そう思われるかもしれません。

ですが、リピートしてもらおうと思ったら、**商品とお客様の1回目の接触で大きく期待を超え、それこそ200点を取るくらいのインパクトを与えないといけない**のです。

お客様の立場になって考えるとわかると思いますが、そもそも1回目には2回目以降にはないポイントが存在します。

それは**「好奇心」**です。初めて買う商品、初めて入る店、初めて受けるサービス、どれもお客様の中には「どんな商品（店、サービス）なんだろう？」という、未知・未接触なものへの好奇心や期待が存在しています。

そして、お客様が仮に100点と採点したとしても、そこには1回目の好奇心による〝初回特典ボーナス〟が付与されていることがほとんどです。のちにお客様が思い出すボーナス抜きの実際の点数は、80点くらいになると思っておいてください。

１０００円のものを売るときには、１０００円の価値を提供できて初めて１００点です。１０００円の価値を感じなければ「もう買わない（利用しない）」となりますし、少なくとも１００点を満たせていれば「また買ってもいいかな（利用してもいいかな）」となります。

初回特典ボーナスが含まれずに１００点を獲得できればいいのですが、ボーナスが含まれて１００点だと実際の点数はそれ以下になります。結局その商品・サービスはリピートにつながらず、一発屋で終わってしまいます。

いっそ目指すべきは、**最初から１００点ではなく２００点レベルを獲得できる商品・サービスを提供する**ことです。

人間は慣れる生き物です。大好きな食べ物であっても毎日食べていると、多少はアレンジを加えたくなるものです。最初のおもしろみは回を重ねるごとに減ってしまうことを踏まえると、１００点ではどこかでリピートは途絶えます。２００点を叩き出し、2回、3回と利用したくなるほど衝撃的に期待を上回らせることを心がけましょう。

商品はネーミングが9割。ネーミングには遊びごころを持とう

「毛無山 ボロネーゼ」

この言葉を聞いて、あなたはどんな商品を思い浮かべますか？

ここまで読んできた読者はボロネーゼのことはもう想像がつくとして、「毛無山って何？」と疑問が浮かんだのではないでしょうか。

実はこの「毛無山 ボロネーゼ」は、山梨県南巨摩郡にて旅館業を営む「下部ホテル」さんで出されているBIGOLIのボロネーゼのネーミングです。

下部ホテルさんのある山梨県南巨摩郡は、霊峰であり世界遺産にも登録されている日本一の山「富士山」の麓にあたるエリアで、毛無山という山があります。下部ホテルさんもまた創業から90年以上を経た老舗の旅館として、富士登山や下部温泉（名湯

百選に選ばれている）に訪れる観光客から愛されるホテルの1つです。

まずこのホテルには「毛無山 ボロネーゼ」以外に、あと2つのボロネーゼがあります。

それが「富士山チーズ ボロネーゼ」と「樹海チーズ ボロネーゼ」です。

前者は通常メニューで出される「熟成チーズ ボロネーゼ」のことで、パスタの上にグラナパダーノ（チーズ）を富士山の残雪に見立ててかけたもの。後者は通常メニューの「かまくらボロネーゼ」で、チーズをパスタが見えなくなるまで削りかけてかまくら状にしたものを、富士の樹海に見立てて命名しています。

少し想像してみてください。あなたが風情あふれる温泉に行ったり、広大な富士登山を完遂したりしたときに、何か食事をするとしたら、果たしてどんなものを食べるでしょうか？

別に富士山でなくても構いません。どこか遠方の地域へ行ったときは、やはりその土地の「ご当地もの」を食べたくなると思います。

極端な言い方をすれば、富士山に行った人は普通のボロネーゼを食べません。

ですが、そこに「富士山チーズ ボロネーゼ」や「樹海チーズ ボロネーゼ」などのネーミングの商品があれば、「記念に食べてみよう」と思ってくれる確率が上がります。

さらに、下部ホテルさんのメニューには「毛無山 ボロネーゼ」が鎮座しています。この謎のメニュー名を見ると、お客様の大半は「毛無山って何ですか？」と聞きます。そこで「富士山の隣に見える普通の山ですよ。このメニューはチーズがないボロネーゼ＝毛が生えてないから毛無山なんです」と説明することで会話が生まれ、コミュニケーションが発生します。

「名前を変えて出すだけって、詐欺なんじゃないの？」

そんなふうに思った人は、ぜひ柔軟な思考に変化させてほしいのです。

第5章でも軽く触れましたが、重要なのは、商品のネーミング1つで「商品が支持される／されない」、つまり「売れる／売れない」はコントロールできてしまう、ということです。同じ商品でも、出すシチュエーションに合わせて異なるネーミングを付与することで、本来であれば売れないものを売れるようにすることができるのです。

大事なのは、遊びごころを持ってネーミングを考え、**お客様に素通りされず「ん？何これ？」と思わせるフックを作る**ことです。

いくらプレミアムリッチ商品を作っても、お客様に認識されなければ世に存在していないのと同じことになります。こだわりの商品を作っても、名前が普通すぎて売れなかったら、がんばったプロセスは何一つ報われません。

名前だけインパクトがあるものにして、ごく普通の商品を売るのは詐欺かもしれませんが、良い商品をセンスのあるネーミングで打ち出すことは、商売の立派なテクニックになります。

コンテンツビジネスにおいて、10年間で総額100億円以上を売り上げてきた起業家、エベン・ペーガンはこのように言っています。

「考え抜かれたネーミングは、あなたの商品の知覚価値を大きく増大させる。名前がなければ、どこにでもある1つのアイデアにすぎない。良い名前は、商品の価値を10倍にも100倍にも高める。いい名前が思いつかないなら、いくらでも時間をかけて考えるべきだ」

ぜひネーミングには極限まで知恵を絞り、なおかつ遊びごころも忘れずに考案するようにしてください。

「ブランド＝自分の価値観」は、決して曲げてはいけない

あなたが自分のブランドを立ち上げる際、どのような価値観で世に打って出るかは非常に重要です。

価値観そのものは人それぞれですが、**同じように考える人、価値観に共感してくれる人**が集まってくれれば、余計な説明をしなくてもスピーディに、望む方向に進んでいってくれるからです。

例えば、私の場合であれば、「おいしいものが好きで、できればそれは無添加のほうが良くて、家庭ではなかなか真似できない、料理人が正面から向き合って丁寧に作られたものがいい、品はあるけど気取らない、おもしろ味のある雰囲気が好き」……そんな価値観を持っています。なので、この価値観に共鳴してくれる人たちが自ずとターゲットとなります。

そして、それを商品としてブランド化したのがBIGOLIのボロネーゼです。

神田の店を出したときは、BIGOLIのボロネーゼ以外のメニューを置かず、看板で「本日もボロネーゼしかありません」と宣言していたことはすでにお伝えしました。

そのスタンスは現在も変わっておらず、相変わらず私の会社ではカレー味や激辛味などの味変アレンジはあるものの、料理はボロネーゼしか出していません。

なお、ランチで考えると、パスタにはスープやサラダがセットになっていることがほとんどです。ですからお客様からも「スープやサラダはないんですか？」と聞かれることがたまにあります。

そうした際には、「スープやサラダは私たちの専門外ですので、お出ししておりません」とお答えしています。実際、BIGOLI京都本店ではディナータイムに限ってお料理の持ち込みOKというルールがありますので、サラダやお惣菜を買って来られるお客様もいらっしゃいます。

お客様の要望に応えるサービスをしないのは、**「それをするのが私の役割ではない」**と考えているからです。もっと言うと**「そこでは勝負をしていない」**という認識があるのです。

もしも、私がスープやサラダも一緒に出すなら、「この程度なら他にもあるな……」と思われたくありませんから、それこそボロネーゼと同じくらいこだわったものを作るでしょう。ですが、集中力をスープなどに分散させてしまうと、果たして今のボロネーゼレベルの品質のものが開発できるかどうかは保証できません。

一方で、スープやサラダはお隣の京都大丸さんでたくさんの種類の取り扱いがあります。お客様がそこで売っているレベルを要望しているとするなら、わざわざ私が提供する必要はないのです。

BIGOLIが提供するのは、**うちでしか提供できない価値ある商品**と自負しています。そういう価値観でブランドを作り、そこからブレないように発展をさせてきました。ブランド＝自分の価値観であり、それは同時に「自分の分身」とも言えるものです。長く付き合い育てていく（それこそ人生を共にする）ものですし、四六時中考え続けるべきものです。

その価値観に「なんか、こういうのいいよね」と共感してくれるお客様が徐々に増えたことで、現在では当社のTwitterには2万人以上のフォロワーさんがついてくれています。

ですから、あなたも自分のブランドを立ち上げるときには、**まず自分がどんな価値**

観を持っているかを、シビアに言語化するべきです。さらにその自分の考えはどういうお客様に共感してもらいたいのか、そのためにどう打ち出し、また守っていくか、などまで想像力を膨らませてみてください。

自分の価値観を突き詰めるのは、ある種ワガママな行為かもしれませんが、**結局勝っている商売は自分のエゴに忠実なもの**だったりします。

デジタル時代に、アナログな手紙をつけると何が起こるか？

現在ではTwitterで2万人以上のフォロワーがいるBIGOLIですが、もちろん、最初からこれほどの数がいたわけではありません。

第4章で「顧客リストをもとにメモを取り、お客様とコミュニケーションを取る」ということをお伝えしました。ここではそのコミュニケーションをもとに、フォロワーを増やしていく工夫の一部を紹介します。

現在、BIGOLIでは、ボロネーゼをレトルトにしてAmazonと自社のサイトで販売していますが、基本的にこれらはすべてデジタル上で展開しています。購入が入った知らせが自分のパソコンに届いて、発送もクリック1つでできます。

ただ、私はこのデジタルプロセスにBIGOLIらしい作り手の温もりを演出したいと考えました。

そこでやり始めたのが、**注文してくれたお客様に一筆箋をつける**取り組みです。

BIGOLIには「BIGOLIのママ」とみんなから呼ばれる女性スタッフがいます（第4章でお伝えしたBIGOLIのSNSの「中の人」も彼女です）。現在、通販を始めて約4年になりますが、最初の1年半はすべて品川の店から出荷をしていたため、発送品全部に彼女が手書きのひと言メッセージを添えていました。

内容も少しずつアレンジして、例えば12月の注文だったら、「素敵なクリスマスをお過ごしください」や、リピートをしてもらったら「前回も注文をありがとうございます」的な、1対1の関係性を伝えられるメッセージをつけたのです（現在では発送する数も拠点も増えたので、この取り組みはギフトなどの一部の商品のみになっています）。

すると何が起きたかと言うと、一筆箋の入った商品を受け取ったお客様が自分の名前の部分だけを隠して Twitter に画像をアップしてくれるようになったのです。このような投稿をきっかけに、着実にファンが増えていきました。

デジタル化が進み、生産性アップや効率化が叫ばれる今の世の中ですが、そんな時代でも**忘れてはいけないのは「人と人とのコミュニケーション」**です。

「世の中と逆行している」と思われるかもしれませんが、私はそうは思いません。むしろ逆で、**効率化の時代だからこそ人と人とのつながりが大事になる**と捉えています。むしろ「人と人がつながる時間を得るために、効率化をするのだ」とさえ考えています。

効率化の目的は、利益を追求するだけではありません。あなた自身の時間に余裕を作ることになります。その浮いた時間を使ってよりお客様が満足することを考えたり、プレミアムリッチ商品に磨きをかけたり、人との触れ合いに時間を使ったり、ということに使える余力が生まれます。

そうすることで、あなたの提供する商品・サービスにお客様がファンとなって根づき、応援してくれたり、拡散してくれたりする構図ができ上がります。

人は何かしら心を動かされる出来事があると「相手のために何かをしたい」と思っ

てくれるものです。

BIGOLIがまだ通販を行なっていなかった頃は、北海道や岡山などからわざわざ東京まで飛行機や新幹線で訪れ、しかもお土産や名産品を持って店に来てくれるファンもいました。

こちらももちろんそれがうれしくなり、そのことを自社でツイートしたりします。するど、ファンの人たちはそれで満足感がさらに上がり、特別感のようなものを得られることになります。

文字にすると作為的に映るかもしれませんが、第4章でも申し上げたようにＳＮＳは接客ツール、あくまで人として素直な感謝の気持ちから自然と行なっている行為です。

このような**アナログ的な「ありがとうの交換」をデジタル上でお客様と行なう**ことで、単なる商品取引を越えた根強い関係性を築くことができます。プレミアムリッチ商品は、お客様側も「自分こそがこの商品を探し当てた」という思い入れが強い商品のため、そこにちょっとした人肌コミュニケーションを加えると、さらにお客様の心を動かすことになるはずです。

一流店は「減点方式」でお客様から評価される

私の考え方では、プレミアムリッチ商品を取り扱う時点で、あなたのお店は「一流店」という位置づけになります。

どこにでも売っているような、いわゆる「コモディティ（日用品や生活必需品など量産可能な製品陣）」とは一線を画すものである、ということです。

一流店には、お客様を相手にするときに肝に銘じておかなければいけないことがあります。それは**「一流になるほど減点式になる」**ということです。

先日、あるブランドの大切にしていた鞄が壊れました。お店に連絡をして修理をしてもらうことにしました。

担当者は丁寧な対応をしてくれたのですが、敬語が正しく使えていないことが少々気になりました。結局、鞄は直してもらったのですが、「このレベルの店でもこの程度の接客なのか」といささか気になりました。

一流の店や店員は、一流のお客様をもてなし、お迎えする立場にあります。お客様側も一流店には一段高いイメージを持っていて、アパレルであっても料亭であっても、ピンと張り詰める緊張感のようなものを持ちます。

そういう一流の店や場所を訪れるお客様は、自分のほうもある程度の期待感や緊張感を持って臨む半面、店側にもそれなりのレベルを求めるようになるものです。

私の鞄の例も同じで、もしもこれが一般的なブランドの鞄であれば、店員の対応は気にならなかったと思います。むしろ、ハイブランドであったからこそ「できて当たり前だろう」ということができなかったことで、〝減点〟につながってしまったのです。

世界の超一流ホテルの1つである「ザ・リッツ・カールトン」には次のようなモットーがあります。

「紳士淑女をおもてなしする私たちもまた紳士淑女です」

プレミアムリッチ商品を取り扱う人は、すべからく同じ意識であるべきだと思います。

プレミアムリッチ商品を取り扱う人はファストフード店やコンビニではなく、一流ホテルやデパートに置いても恥ずかしくないものを扱っているはずです。

その精神を前提に、商品だけでなく店員のお客様への対応、ホームページのデザイン、名刺のビジュアルなど、すべてに気を使っていかなければいけません。

これはマーケティングで「タッチポイントマネジメント」と言われます。お客様が接するすべての場面（タッチポイント）を洗い出した上で、「自社ブランドを体現していると言えるか⁉」と厳しい目でチェックをしてください。

いつの時代でも、自社ホームページは絶対に用意する

第4章でECモールにプレミアムリッチ商品を出品することと並行し、自社のホームページを作って、その流れを引き寄せることに言及しました。

SNSがホームページの代替になる今の時代に「作ったほうがいいのか？」と問われれば、絶対に作っておくべきだと私は断言します。

お客様と関係を長く構築したり、自社のブランドを気に入ってもらって水平展開で

商品を使ってもらったりするためには、ホームページは必ず必要となります。SNSはコミュニケーション機能としては優秀ですが、情報のストック先としてはやや危うい側面があるからです。

自社に関する情報を格納し、再発信するベースとしてホームページは重要となります。仮にテレビ局から何らかの取材を受けた際、その番組をたまたま目にしたお客様は商品を詳しく知ろうと検索します。お客様が興味を持ったそのチャンスを逃さずに、魅力的な情報を差し出す受け皿となるのがホームページだからです。

ホームページで重要なのは、「世界観」「おもてなし感」

自社ホームページを構築する際、掲載コンテンツの基本となるのは、商品情報や会社案内などになると思います。企業のコーポレートサイトとしてはこれで充分かもしれません。

ですが、一人メーカーでモノを作り販売する場合は、ホームページ＝ＥＣサイトという図式が成り立ちます。

単に情報を発信するだけでなく、商品を買ってもらったり、問い合わせをいただいたりする目的がＥＣサイトにはあります。広義に考えると、自社商品の認知を拡大するための、マスコミからの取材獲得なども含まれるでしょう。そのような相手からのアクションを想定すると、ホームページを構築する際に重要なのは、**サイトの裏側にいる人間の存在をうかがわせる「おもてなし感」**になってきます。

当たり前の話ですが、ホームページの先には実店舗がありますし、実店舗には「人」がいます。仮に実店舗を持っていない場合であっても、ホームページの向こう側には、作り手や売り手などの「人」が存在しているはずです。

もちろん、ホームページの本来の目的は、商品を認知してもらい、中身や価格を知ってもらい、その上で「買いたい（利用したい）」と行動を起こしてもらうためです。ですが、単なる情報提供だけでは、お客様の信頼感や安心感を醸成し切れず、最悪の場合は離脱されてしまいます。

これを避けるために、**人の存在を感じさせるおもてなしが必要**となるのです。おもてなし感のないホームページでは、その後も実店舗に来てもらえない、購入してもらえないなど「道が途絶える」と考えていいでしょう。

トップページにウェルカムな空気を出す、元気な雰囲気のデザインにする、社員の画像を掲載する……、それぞれのプレミアムリッチ商品の個性にフィットさせる工夫で構いません。**サイトの向こう側に「人」が存在することをアピール**していきましょう。

商品・サービスの良さだけでなく、ホームページ上でそこにいる人間の雰囲気までうまく伝えることができれば、実店舗に足を運ぶ際も「こういう店員がいるなら入りやすそうだ」と思ってもらえ、スムーズな動線を作ることができます。さらには「行ってみたい＝買ってみたい」までの心理変化を起こすこともできるのです。

例えば**「お気軽にお問い合わせください」**という相談フォームや問い合わせ機能やチャット機能がついていたら、それだけで人を感じさせることができます。これも、おもてなし感を演出する1つの工夫例です。

お客様の中には単にサイトでモノを購入・完了するだけではなく、実際にそこにかかわっている人間に相談しながら購入を決めたい人も少なくありません。

実店舗の有無にかかわらず、相談や問い合わせをしやすい空気感をあらかじめホームページ内に作り込んでおくようにしてください。すぐには売上につながらなかったとしても、会社や商品への好印象は植えつけられるはずです。

ノンヴァーバル・コミュニケーションを大切にする

コミュニケーションの世界には「ヴァーバル」と「ノンヴァーバル」の2種類があります。前者は会話や文字などの「言語」で表されるコミュニケーションで、後者はジェスチャーや表情、声の大きさなどの「非言語」で表されるコミュニケーションのことです。

ホームページで重要なのは、ノンヴァーバルの部分です。

これは文字どおり形容しにくいのですが、画面からにじみ出る雰囲気のようなものだと思ってください。デジタルツールではあるものの、「元気そうだな」「落ち着いているな」など、擬人化できるホームページを想定してもらえると良いでしょう。

ノンヴァーバルに影響を与えるのはデザインです。実際にホームページを作るときはプロのデザイナーに作ってもらうことをおすすめしますが、仮に自分で作る場合であっても、ブランドや想いを表現できるデザインを心がけてください。

入り口はわかりやすく、あえて情報を絞る

トップページは、**シンプルかつ明確なメッセージが伝わることが重要**です。ホームページによってはトップページにいろいろと情報を載せているものも存在しますが、プレミアムリッチ商品の場合は、むしろ**情報を絞る**ことをおすすめします。ファーストビューがごちゃごちゃしていると、プレミアム感があまり出ないからです。

写真やロゴももちろん重要ですが、加えてトップページでは**象徴的なビジュアル**や**メッセージ性のある短い文章**を駆使してください。スクロールをしなくても、ひと目で商品の紹介が完了していることが望ましいのです。

トップで興味を持った人たちは、その他の情報を得ようとスクロールをするなど次のフェーズに移ります。トップページをクリアしたら、次は「**最新情報**」や「**コンセプト**」や「**商品情報**」に、来た人が知りたいであろう情報を想像し、順番に配置していくようにしてください。

コーポレートカラーは、コンセプトを体現できるものにする

プレミアムリッチ商品には、それに見合った「色」が存在します。

コーポレートカラーとも言われますが、会社や商品の個性を統一させ社内外に印象づけるために、ロゴや看板や広告を統一するイメージカラーを設定するのです。

あなたのプレミアムリッチ商品によって最適な色は変わるため具体的な色指定はできませんが、参考までにBIGOLIのボロネーゼのホームページを紹介します。

BIGOLIでは、ゴールドに近いベージュをイメージカラーとして多用しています。

無添加の生パスタは少し黄色がかったアイボリー色です。天然の素材を使っていることと、エレガントさを感じることをイメージしてシャンパンゴールド調にし、実際にそれだけでは派手すぎるため、〝そう見えるような色合い〟としてゴールドに近いベージュを使っています。

色を多用しすぎたり、一画面で相性の悪い色を組み合わせたりすると、ややサイケ

デリックな派手なデザインになりがちです。そのようなブランドイメージを醸成したいなら構いませんが、ブランドイメージを壊さないような色使いに気を使ってください。（参考ＵＲＬ：https://bigoli.jp/）

フォントや言葉遣いは、ブランドの性格に合うものを

最後に重要なのは、**言葉遣いとフォント**です。

本章の「一流店」のところでもお伝えしましたが、一般の店が０点からの加点式で店の評判が積み上がるのに対して、プレミアムリッチ商品を取り扱うような一流店は１００点からの減点式になります。

ファミコン言葉（ファミレスやコンビニで使われる間違った接客言葉）を例に考えると、コンビニやファストフードの店員が言うのであれば「まぁ、こんなもんだろう」と見逃してもらえるでしょう。ですが、一流ホテルのレストランで同じような接客用語を使っていたら、「この程度の基本すら、トレーニングしていないの？」とお

客様は不快に感じるはずです。ホームページで使用する言語も、それと同じです。

上品なブランドのホームページであれば、言葉遣いや使用するフォントも品のあるものを選び、牧歌的なブランドであれば、それに見合ったナチュラルテイストのものを使わなくてはいけません。BIGOLIはある程度モノをわかっている大人向けのブランドと自負しています。そういう人が観たときに恥ずかしくないホームページづくりをしています。

これらのホームページの制作は、できればプロに相談しながら、デザインを練っていくと、新たな視点が得られやすいものです。また、今の時代はスマートフォンで閲覧したときの見栄えも忘れないようにしましょう。

第7章

プレミアムリッチ商品が陥りがちな落とし穴

ギフト販売に選ばれないプレミアムリッチ商品は赤点

前章でプレミアムリッチ商品そのもの以外の周辺施策についてお伝えしてきました。ここからは、いよいよ具体的な商売展開に視点を転じていきましょう。現実的な状況として、プレミアムリッチ商品を開発・展開するにはいくつか注意すべき点があります。そこを疎《おろそ》かにすると、思わぬ落とし穴にはまってしまいます。

私は、独自性の打ち出し方に悩む企業や飲食店からコンサルティングの依頼を数多くいただいていますが、**商売スタート後に共通して陥りがちな罠がある**と気がつきました。本章ではその現場から得たノウハウの一部を紹介します。

プレミアムリッチ商品ならではのリスクを紹介し、どのようにすれば落とし穴に落ちず、ブランドイメージを維持したまま展開していけるかを学んでください。

日本民俗学の開拓者であり作家でもある柳田國男によって見いだされた日本人の伝

統的な世界観の1つに「ハレとケ」というものがあります。

ハレとは「晴れ」を語源にした言葉で、お祭りや年中行事などの「非日常」のことを表し、ケとは普段の生活である「日常」を表しています。衣装や食事、振る舞いや言葉遣いなどにおいて、ハレの日では日常であるケと区別する文化があります。

高度経済成長以降、大量消費社会になった現代の日本においては、ハレとケの区別はかなり曖昧《あいまい》になりつつあります。それでも今日の私たちの生活においても「何かの記念日」や「自分へのご褒美」などの言葉に代表されるように、何かと**イベントごとをするのが日本人は大好き**です。

典型的なもので言えば、お中元やお歳暮、バレンタイン・デーやホワイト・デーです。その起源はさまざまかもしれませんが、今や欠かせないイベントごととして私たちの日常に完全に溶け込んでいると言えるでしょう。

このように、行事のたびに他人や自分に贈り物をするのが大好きな日本人の文化を、商品展開に生かさない手はありません。プレミアムリッチ商品は、ぜひとも**ギフトで使えるレベルを目指すべき**なのです。

ギフトの条件は、**「目上の人やお世話になっている人に渡しても恥ずかしくない商**

品」とでも表現できるでしょう。さらに前述した「ハレとケ」で考えると、ギフトはハレに該当するので、日常であるケとは違うスペシャルな品物であることが求められます。必然的に、**常識の範囲内で高価格に設定しても特別感によって購入してもらえる**ため、高い利益率も確保できます。

経営の安定につながるのはもちろんのこと、商品そのものが**「ワンランク上の商品」**や**「喜ばれるギフトのテッパン」**という地位を獲得できるメリットもあります。

もちろん、贈られる側にとってもプレミアム感がある商品はもらってもうれしいでしょうし、贈った側の株が上がることも考えられます。「あの人、センスあるね」というううれしい評価にもつながります。

このことからもわかるように、**「そこにしかない価値ある商品」でギフト需要を狙っていく**ことは、日本でプレミアムリッチ商品を展開させていくときには欠かせない戦略なのです。

パッケージが三流だと、プレミアムリッチ商品も三流になる

日本特有の文化の話をもう1つ紹介しましょう。それは**「包む」**ということについてです。

「包装」という漢字がありますが、それぞれの意味を分解すると、「包」という漢字は人間が身籠って胎内に胎児が宿っている形から来ているそうです。つまり、大切なものを守るという意味があります。

一方「装」という漢字は「身なりを整える・飾る」という意味があるようです。包装という漢字は大事なものを守り、さらにそれを飾って整えることを意味しています。包装は単に実用的な機能だけではなく、大切な相手に贈るものを守って飾る目的があります。

もうおわかりのように、どれほど素晴らしいプレミアムリッチ商品を作っても、それを包む外箱やケースが三流だと、中の商品もまた三流に見られてしまいます。

海外の製品には、梱包の重要性について示唆に富んだ事例があります。

典型的なものが iPhone です。一度でも iPhone を買ったことがある人ならわかると思いますが、ケースから取り出す時点ですでにプレミアムな体験が始まります。

外箱を持ち上げてもすぐには動かず、スーッとゆっくりと滑るように数秒かけて開いていきます。外箱と内箱の密度が少なく設計されていることの証で、そこにはセンス・オブ・ワンダー（不思議な心理的感覚）があります。「箱を開ける」段階から、iPhone ワールドの体験がスタートしているようなものです。

このように、プレミアムリッチ商品を開発する以上、**中身だけではなく外見にもこだわるべき**で、商品を手にした瞬間からトータルでブランドの世界観を演出すべきなのです。

大事なのは、商品の機能やメリットという売り手側の思想ではなく、**買う人のベネフィットを常に考慮すべき**ということです。

プレミアムリッチ商品を買う人は、それなりの期待や覚悟を持って商品と対峙《たいじ》します。その気持ちに応えるべく、パッケージは見た目のデザインだけではなく、梱包素材そのものの質感にもこだわるべきです。

ある程度ブランドを重視する商品であれば、商品開発はもちろんのこと、メッセージ性が高いPR戦略、自社ホームページの作り込み方、お客様との親密なコミュニケーション……などの商品周辺の工夫にも余念がないでしょう。それらが奏功したとして、**最終ステージでお客様と接触するものがパッケージ**です。購入という段階は売り手側の目線では「完了段階」となりますが、お客様目線では真逆です。商品を購入してから、それらを使う生活が「スタート」するのです。

購入までは力を注いでいたとしても、**購入したお客様のファーストステップを疎かにするのは思いのほか罪深い行為**です。期待を裏切った反動も加わり、手ひどい評価にもつながりかねません。

つまり、パッケージで「あれ?」となってしまうだけで、ここまで築いてきたすべてのものが台無しになり、三流扱いされる事態を招くのです。

プレミアムリッチ商品というブランドを包み込むなら、英語で言う「Packaging（製品の外装・包装をデザインし、作っていく一連の活動のこと）」として商品パッケージを考えていかなければなりません。

これを私なりの言葉にすると、**「ブランドの魂を包み込む観点で考える」**ということとになります。

一例として、私の会社のBIGOLIのボロネーゼソースが入っている箱は四角柱で、化粧水のボトルが入っていそうなスタイリッシュな形状をしています。

通常、レトルト製品はカレールウでもパスタソースでも平たい長方形の箱が一般的です。中身のレトルトパウチを収めるのに適した形だからです。

ですが、そこにひと工夫してレトルトらしからぬ箱パッケージにするだけで、受け取った人は「おっ、何これ?」と驚くはずです。さらには箱の素材である紙はサトウキビの廃材で作ったバイオマス資源である「バガスパルプ」を使っています。プレミアムリッチ商品への想いを、余すところなくパッケージにまで反映させています。

この素材は、実際に受け取って手に触れた人だけがわかる、不思議な質感があるのです。

「たかが外箱」ではありません。違いがわかる人にとっては「すごくしっかりとした商品だな」「自分の買い物は間違いではなかった」などと思ってもらえるのです。

もちろんBIGOLIの商品だけでなく、世の中にはこのような「商品の外側までしっかり考え抜いた製品」がたくさんあります。

まずはあなたが開発しようとしているものと近いプレミアム商品を、世の中で探してみてください。実際に自身で購入してパッケージを確認するのが確実ですが、素敵な包装であれば、ネットで画像検索するだけでもパッケージがヒットするはずです。「いいな」と思えるパッケージがあれば、それをもとにデザイナーや外箱製作会社に依頼して、あなたの想いを形にしてもらえばいいのです。

大事なのは**「中身が一流なら外見も一流にすべき」という価値観**です。さらに言えば**「あなたの誇るプレミアム商品がまとうのにふさわしいお召し物を用意すべき」**ということになります。

製造方法の情報漏洩には要注意

あなたがプレミアムリッチ商品を販売スタートしたその後のことも想像してみましょう。順調に売上が上がるのはうれしいことですが、売上が上がるのは知名度も上がることを意味します。世間で話題になればなるほど、追随しようとする誰かにその成果を狙われると思ったほうがいいでしょう。

要するに、**真似される（平たく言うと「パクられる」）ようになる**のです。

前の章でも伝えたと思いますが、パクりに備えて他が真似のできないレベルで開発するのがプレミアム商品の神髄です。むしろ、真似をされるようになったら「この商品も有名になったなぁ」と鷹揚に構えるくらいでちょうど良いでしょう。

ただ、注意しなければいけないこともあります。

それは**製造方法に関しては絶対に漏らさないようにする**、ということです。

「何を当たり前のことを」

そう思うかもしれませんが、現実問題としてはナメてはならない重要ミッションです。あなたが製造方法を誰にも漏らさなかったとしても、**必ず漏れる盲点**があります。

それは**製造を委託している会社**からです。

BIGOLIの例で解説すると、実はBIGOLIのボロネーゼは、これまでに大手企業や中堅企業など50社を超えるメーカーから、当社ならびに製造を委託している工場に問い合わせが来ました。

食品に限ったことですが、商品には製造元を記載する義務があります。つまりAmazonで注文すれば、BIGOLIのボロネーゼをどこの工場で作っているか、社名も住所も一発で明らかになってしまいます。二番煎じを狙うハイエナたちからすると、製造工程の生命線を握る本丸は、すぐに突き止められてしまうのです。

ですから、**製造元とは基本的に製造委託契約の中で守秘義務契約や秘密保持契約を結んで、情報の漏洩を防ぐ仕組みを作っておく**ようにしなければいけません。そうすることによって万が一の情報漏洩の事態に備えられますし、厳しい契約を締結しておけば、製造元にも良い意味でプレッシャーが生まれます。

究極は真似をされても構わないほどに、突き詰めるべき

いくら製造元と厳密な契約を結んだとしても、真似されること自体を防げるかと言うと、そうではありません。

厳密な製造工程は再現できずとも、類似商品は誰にでも開発できてしまう――特に大手のような資本力と技術力があるようなところであれば、世間で話題に挙がった商品の類似品はいとも簡単に作ることができます。

再度BIGOLIの例で恐縮ですが、数年前に、とあるイタリアン系ファミレスチェーンからBIGOLIのボロネーゼの模倣商品が発売されたことがあります。使用食材、見た目、名前、盛りつけ、キャッチコピー、説明文など、ありとあらゆる部分をきれいに〝完コピ〟されたのです。

ちなみに、この出来事自体はファンの方がTwitterで知らせてくれました。本題とは逸れますが、自分たちと同じ目線を持っているファンの存在は心強く感じました。

ですが、そのような模倣に私は動じませんでした。

先述のように「有名になったなぁ」と噛みしめたことだけが理由ではありません。見た目や雰囲気を寄せても、どうやっても「BIGOLIの味そのもの」だけは真似されないと確信していたからです。

手前味噌ですが、BIGOLIのボロネーゼは、大手企業が片手間では真似ができないくらいに突き詰めている商品です。イタリアン系のファミレスで、ボロネーゼ以外のパスタを取り扱っている「分散型」調理法では、到底真似のできない作り方をしています。

一方、味の再現のために調理工程まで真似をしようとしても、まず大手には採算が取れないでしょう。完全再現が叶うほど、ボロネーゼだけにリソースもエネルギーは割けない事情が大手にはあるわけです。

前述したように、**プレミアムリッチ商品は真似をされる宿命**にあります。その防止策として**製造方法を絶対に漏らさない**ようにすることは1つの方法です。

ですが、それ以上に商品考案の段階で**「真似できるもんならしてみろ、採算が取れるもんなら取ってみろ」**と胸を張れるまで突き詰めて商品を開発することが大事になります。突き詰めた工程があれば、上辺はパクられたとしても真にはパクり切れない状況を作り出すことができます。

一点突破の戦略だからこそ、その突き詰め方が可能となります。

他にリソースを割かず、単一メニューを突き詰める本気のモノづくりを実践すればこそ、大手が追随できない最強のプレミアムリッチ商品ができ上がります。

私が飲食コンサルティングを請け負っている現場では、時にキッチンでの調理プロセスもチェックします。お店のオーナーは早く売り出したいので、ある程度満足できる商品ができ上がったら、すぐに世に出そうとします。

しかし、私はリリース後、もっと言えば世間認知度が上がった段階まで想定してアドバイスをします。

「今のままでは短期の売上は上がっても、ゆくゆくは簡単にパクられる〝なんちゃってプレミアムリッチ商品〟となります。それでもいいなら、さっさとリリースしてください」と。

プレミアムリッチ商品は、「プレミアム立地」に置くべき

良い商品を開発し、集客もうまくいった場合に陥りがちな落とし穴についてもお伝えしておきましょう。それは、出店場所についてです。

よく「立地がすべて」という言葉を耳にするでしょう。

飲食店はもとより、マンションやオフィスビルのテナント、物販店、アミューズメント施設、各種事務所など「背が高いのは七難隠す」ではありませんが、立地が良いことは、あらゆる業種が出店を考える際にとても重要なことです。立地には集客だけ

にとどまらず、そこに住む人や働く人たちが醸し出す風土なども含まれます。

ですから、私がここでお伝えしたい「立地」とは、単に駅から近いとか利便性が高いといったことではなく、**立地によって集まってくるお客様の質が変わる、**ということなのです。

スタートアップでは、さほど資金を用意できませんから、安い立地に流れる傾向があります。ただし、そこにうさん臭いテナントがあるなど、立地の評判が良くない場合、あなたの店にも評判の悪いお客様がやってくる可能性があります。

ですから、そういうところに店を出してはいけません。

特に、本書でお伝えしているプレミアムリッチ商品の場合、お客様はそれ相応の価値のわかる人が対象になってきます。

プレミアムリッチ商品は、一般の商品よりもターゲットを絞ります。例えば「この商品に高いお金を払うなら、似たようなのが半額で売ってるからそれでいいんじゃないの？」と考えてしまうお客様はターゲットにはなりません。

立地でフォーカスすべきは**「価値のわかる人が集まる場所」**に出店することです。

プレミアムリッチ商品は〝プレミアム立地〟に置くべきです。

可能であれば、**有名店や高級店の隣に出せないかを検討**しましょう。

そもそもそういうお店には〝いいお客様〟しか来ませんし、そういう層が自然に集まる動線がすでにでき上がっています。例えば、お客様が目当ての商品を買ったあとに「あれ？　これもいいんじゃないの？」と思って隣のあなたの店に立ち寄ってもらえたり、チェックして次回に来てもらえたりする可能性が高くなります。

ちなみに、私が最初に出した神田のワインバーは、屋台村のように数店舗が1つのエリアをシェアして使うようなダイニングスペースでした。共有スペースもあるような雑多な造りで、実際はワンフロアに5店舗あったと記憶しています。

今だから言えますが、決して評判が良い立地ではなかったでしょう。

当時は、私も立地に関する勉強がまだまだ足りませんでしたし、最初は何事も勉強だと血気盛んな思いで出店しましたが、もしも今あの場所を選ぶかと問われればＮＯでしょう。

BIGOLIの場合は、むしろ雑多な街だからこその珍しさで行列のできる店にすることができましたが、すべての店に同じことができるとは限りません。

「落とし穴」の意味することとは、**「自分がどれほど努力をしても、変えがたい要素がある」**と言い換えられます。イマイチな立地を選んでしまったあとでは、あなたの努力で、街の客層や古びたビル群を変えることは難しいでしょう。そういう意味でも、**最初から商品に見合ったプレミアム立地を探す**ことを心がけてください。

商品を使ったことのない人にFC委託してはいけない

あなたが作ったプレミアムリッチ商品が順調にお客様から支持され、大手企業から模倣されつつも生き残って次の展開を考えるとします。そのとき、おそらく頭に浮かぶのは、フランチャイズ（FC）展開でしょう。

FCにすることによって、あなたの商品を他の人が売ってくれるようになり、世に加速度的に認知が拡散していきます。全国展開も可能になるでしょうし、当然ながら加盟金やロイヤリティが入ってきて売上も上がり、経営が安定するようになります。

この段階になると、一人メーカーから始めたプレミアムリッチ商品はいったんは成功状態になったと言えます。あなたは作り手であると同時に、経営者としての道を歩んでいくことになるでしょう。

ここで気をつけてもらいたいのは、安易にＦＣ展開をしてしまうことです。下手をすると、本来のブランド価値を下げられてしまい、本業にもリスクが降りかかることも考えられます。

私の会社ではBIGOLIブランドのＦＣ展開を**「メニューライセンス制度」**として行なっていますが（詳しくは後述します）、誰にでもその扱いをＯＫしているかと言うと、そうではありません。

BIGOLIは２０２１年10月10日にＴＢＳの「がっちりマンデー!!」で特集されたことで、数日で数カ月分の注文がＥＣモールに集まりました。さらにメニューライセンスについても、放映後にたくさんの問い合わせや資料請求の申し込みをいただきました。

ですが、実際にそこから話が進んでいるのはほんの〝ひと握り〟です。８割方を断ることになりました。それだけ、私の会社ではＦＣ展開する相手を厳選しています。

背景として、BIGOLIのボロネーゼを食べたことがない人、**単なる商売道具としか**

考えていない方にはライセンスを出したくないと考えているからです。

価値観が共有できていない人に、大事なプレミアムリッチ商品を売ってもらったり営業してもらったりすることは、**ブランドの毀損につながりかねないから**です。

あなたも私も、商品開発には愛情を持って取り組み、お客様に喜んでもらうモノづくりをしているはずです。特に食品の場合は、皿やカトラリーも含めてすべてお客様の口の中に入るものなので、材料の選定から製造工程まで細心の注意を払っていかなければいけません。

そのこだわりがあるからこそ、お客様からの支持も集まりますし、人がついて来てくれるのだと私は思っています。

ですから、そういう価値観が共有できている人――例えば、1年くらいBIGOLIに通って来ていただいているお客様が「こんな素晴らしい商品をもっと世の中に広めたい！　自分もやってみたいけど、できるかな？」というのであれば何でも教えますし、相談にも乗ります。きっと私と同じレベルで愛情を持って丁寧にプレミアムリッチ商品を扱ってくれるという信頼感があるからです。

ですが、そうではない人はお断りしています。**短期の売上より、ブランド毀損のほ**

うがプレミアムリッチ商品にとっては警戒すべきことです。

マーケティングの専門家レジス・マッケンナによると「顧客は良い体験を3人に話す」そうです。しかし「悪い体験をすると10人に話す」とも続けています。ブランド精神を理解できない人に託すと、今まで築き上げたブランドも一気に地に落ちます。くれぐれもFC展開するときは、相手を厳しく選ぶようにしてください。

FC展開は「伝言ゲーム」のようなもの

あなたの商品をFC展開で広めようとする際、イメージレベルで認識してほしいことがあります。それは、FC展開が「伝言ゲーム」のようなものだということです。最初に正解を隣の人へ伝えても、その人がその隣の人に、さらに隣の人に……と伝えていく過程で、一番末端の人が聞き取った言葉と本来の正解が異なっている場合が多いものです。

世の中には邪《よこしま》な考えを持つ人は必ずいます。

例えば、「あなたの商品で楽して儲けよう」という思考が見え見えの人。

例えば、「ブームだから乗っかって、ダメならすぐに辞めたらいい」という安易な考えの人。

例えば、「導入コストが低いから〝とりあえず〟お試しで始めてみよう」という低いモチベーションで始める人。

あなたがそういう人たちと価値観が合うなら、商品を委託させるのもいいかもしれませんが、違うと感じるのであれば、慎重になるべきです。**ＦＣ展開のスピード感を高めれば高めるほど、伝言ゲームの精度は悪くなっていきます。**

私は資料請求をされた際には「どうして資料が欲しいのですか？」という根本的な理由からヒアリングします。その上ですべての人ときちんと面談をして、慎重に加盟店にするかの審査を行ないます。

マスコミなどに取り上げられて突発的に知名度が上がると、問い合わせが増えます。思わず有頂天になってしまいそうですが、ビジネス展開に関する手間は惜しんではいけません。「最後まで伝言ゲームが正確に行なえる」仲間を見つけることこそが、ブランドを守る最善の方法です。

FCなら「ライセンス契約」にするのがおすすめ

ＦＣ展開をするときの契約形態としておすすめしたいのが、ライセンス契約です。ライセンス契約とは、**自社の持つ特許、意匠、商標、著作権等の知的財産を他社に使用を許可する契約**のことです。飲食の場合は、先述した「メニューライセンス契約」になりますが、商品が石鹸などの場合は「プロダクトライセンス契約」などとなるでしょう。つまり、守りたい対象を限定することで、その他の部分はＦＣ先に自由度を持たせるメリットがあります。

一般的にＦＣをするときは、店舗の看板から内装・外装、メニュー、制服、接客マニュアルなど、ありとあらゆるものをチェンジさせなければいけません。同じコンビニでもセブン‐イレブンとファミリーマートでは、看板から取り扱い商品まで、何から何まで違います。

ただ、これはＦＣを始める側にとってはハードルがとても高くなります。店舗の改修費用や最初の加盟金、そして、その後のライセンスフィーまでを含めると１０００

万円以上の初期費用が必要になってきます。

そもそも、この方法は大手企業が得意とするやり方です。

ブランドの知名度がすでに全国レベルで、販売する商品よりもむしろ販売店の名前に安心して来るお客様向けの「強者の戦略」になります。

プレミアムリッチ商品の知名度が少しずつ上がっているとしても、商売の位置関係としては大手と比べると依然としてこちらは弱者です。したがって、FC展開を考えるときでも「弱者の戦略」を取るべきです。加えて、そこに自社ブランドの価値を下げないための策を考えなければいけません。

「信頼できない人には簡単にブランドを委託したくない、だけど、本当にやりたがっている人にはハードルを下げてあげたい」

ライセンス制度はその〝いいとこ取り〟をした制度と言えます。

商品に関するライセンスは、あなたのプレミアムリッチ商品そのものだけを販売してもらう方法です。

これだと、提供するあなたの側も、提供される店側も双方にとって自由度が高く、準備も楽になります。自由度をある程度担保しておくことは、後述しますが、ブランド管理をしていく場面でも負担が最小で済みます。

きちんと**「ここだけは守ってね」というポイントのみ**を最初に押さえておけば、双方にとってプラスしかないブランド展開をしていくことができます。

メニューライセンス制度は、私が飲食店舗にコンサルティングをする際にも興味関心の高さがうかがえる手法です。この先の章では、メニューライセンス制度の詳細についてお伝えしていきます。

「ブランド・フィロソフィ」は徹底する

自由度が高いメニューライセンス制度ですが、委託先には具体的に何を守ってもらうべきなのでしょうか?

それは、**あなたのブランドが「方針」としているもの**です。

これを私は「ブランド・フィロソフィ」と呼んでいます。

私の例で説明しますが、端的に言ってしまうとBIGOLIでは「見た目を合わせること」がブランド・フィロソフィとなります。

BIGOLIのボロネーゼを盛るときは、平面的ではなく立体的に盛りつけることが必要です。チーズを削りかけるときでも、それこそ「山」のように、美しい二等辺三角形を形づくるようにします。

その上で上品さを失わず、食べ心地もキープするためには、専用の皿とフォークを必ず使用してもらいます。飲食店の場合、パスタ皿などはあらかじめ持っていることが多いですが、それでも必ず指定の皿を購入してもらうようにします。

これは見た目以外の「味」の部分に関しては、すでに担保されていることも関係しています。BIGOLIのボロネーゼソースは、完成品の状態で加盟店さんに届きます。湯煎して（茹でて）混ぜるだけで、たとえ新人のアルバイトでも5分で調理でき、同じ味をキープできます。つまり、大事なのは見た目になるのです。

食べ物でここまでビジュアルに注力する商品は珍しいかもしれません。しかし、BIGOLIの精神としては、お客様の期待やワクワク感を見た目の時点から演出することを重視しています。このような**「ここは譲れない」**や、**「ブランドの根幹だ」**というあなたのフィロソフィは、必ず委託先に徹底してもらいましょう。

ライセンス契約では、品質チェックも簡単にできる

このようにメニューライセンス制度にして相手先を厳選する展開を行ない、かつブランド・フィロソフィを守ることを徹底しておけば、加盟店がちゃんと運営をしているかどうかのチェックも楽になるメリットが生じます。

これもBIGOLIの例ですが、約2万人いるフォロワーや初めて食べて感動してくれたお客様は、TwitterやInstagramやFacebookなどのＳＮＳに投稿します。このとき、一緒にアップされた画像を見るだけで、加盟店さんの運営状況はチェックできます。

チェックするのは「見た目」ですので、きちんと基準どおりの〝山盛り〟になっているか、指定の皿とフォークを使っているか、などがひと目でチェックできます。

これが大手企業のＦＣ展開の場合、エリアマネジャー的な立場のラウンダーが定期的に各店を回って、１つずつ細かい項目をチェックしていかなければいけません。

それだけで１日がかりの仕事になり、人件費など多くのリソースを割かなければな

らず、やはり大手企業でないと無理な品質管理となります。

ＦＣ展開する加盟店は、コアの価値を認識してもらった「同志」です。お互いに気持ち良く手を組んでいくためには、制約事項が少ないことに越したことはありません。

「Win-Win」の関係を築くためにも、メニューライセンス制度は効率というメリットを発揮してくれます。

契約形態は、「商標権の再利用契約」にする

最後に、メニューライセンスの契約に関する重要なことをお伝えします。

よく驚かれることなのですが、BIGOLIと加盟店の契約スタイルは「商標権の再利用を許可する契約」になっています。

通常、飲食店がライセンス契約をする場合は「商品の取引契約」になることが一般的ですが、これを**「BIGOLIという登録商標を使ってビジネスをする許可」**の契約にしているのです。

ビジネスにおいて使う名前やロゴのような「商標」を国に登録しておくことで、法律で保護されます。結果的にその商標を使うビジネスを守ることができます。

これは、あなたのプレミアムリッチ商品を加盟店に委託する場合でもおすすめです。商品の取引契約の場合、「卸す側」と「卸される側」という構図が必ず成り立ちます。

この契約を前提でFC展開を考えると、片方は「卸してやっているのだからちゃんと売れ」と考え、もう一方は「売ってやるから、うちにも卸せ」という考えになってしまいます。その利害関係が強い以上、売上などが互いの中心に位置づけられ、ブランドは二の次になってしまいます。

これを避けるために、商標権の再利用契約をすれば、「商標を使うためのルール」が発生します。私の会社で言えば、仮に加盟店がBIGOLIのロゴや名前を使って勝手なことをしたら「商標権の侵害」になるわけです。

この価値観を加盟店と共有しておくことで、単に商品の取引での関係ではなく「ブランドの再利用を許可する者」と「あなたのブランドを再利用する者」という関係性になります。共にブランド価値を保つ観点が生じる効果があるのです。

運営側にうれしい点は、「LとRの2つのロイヤリティ」が手に入ることです。

通常のライセンス契約によって発生するであろうロイヤリティ（Royalty＝使用料）に加えて、よりあなたのブランドに対するロイヤルティ（Loyalty＝忠誠心）が発生するのです。

ドライに商品を横展開するより、ブランドを守る重要性があるプレミアムリッチ商品には、契約にもひと工夫加える必要があります。

「トップであり続けるためには手間がかかるもの」と心得る

日本一高い山と言えば何でしょう？　聞くまでもなく「富士山」です。

世界一の山と言えば？　これもすぐに「エベレスト」と答えられます。

では、日本で2番目に高い山は何でしょう？　世界で2番目に高い山は？

おそらく、すぐに答えられる人は少ないでしょう。スマートフォンで検索をした方もいるかもしれません。

ビジネスの世界には「富士山理論」とも言われるトップ論があります。トップと二番手の間には、単なる順序だけではない、雲泥の差があるという考え方です。トップだと誰でも知っているけれど、二番手は誰も知らない。だから狭い業界でもいいからトップになりましょう、という意味なのですが、私はこの理論に大いに賛同します。

BIGOLIがパスタ界の中のボロネーゼとして事実上のトップだというつもりはありません。ただし、ある一定のレベルで、お客様がボロネーゼを想起したときの選択肢には入る状況になりつつあると思います。

もちろん、最初から簡単にトップに立てるわけではないので、そのための努力や工夫のような〝下積み〟は覚悟しておいてください。しかし、努力を怠って「そこそこ有名になったからいいや」では、すぐに大手企業に真似されてしまいます。

大手企業に真似をされると、どんな商品でも、同じ価格あるいは低価格で類似品を出され、最終的にはコモディティ化（大衆化・大量消費化）されてしまうのです。

そのような商品は、これまでも世にいくらでもありましたし、最初は物珍しくてもすぐに廃れる「一発屋商品」も山のようにあります。

またいざトップに立ったとしても、トップであり続けるためには、相応の手間がかかるものです。

ブランドの維持、既存顧客の期待を上回る仕掛け、ロイヤルカスタマーづくり、商品のブラッシュアップ、SNSでの広報活動、真似されない（真似のできない）工夫などの手間が必要です。しかも現代は、情報があふれ返っているため、情報の渦から頭一つ飛びぬけるような、本業以外の努力もしなければいけなくなります。

仮に真似をされても、生き残るためにブラッシュアップを続ける必要はあります。大手企業が撤退したりコモディティ化したりしたあとにでも、プレミアムな商品として残っていくだけの体力をキープし続ける努力も必要でしょう。

あなたがプレミアムリッチ商品を開発し、市場に出すということは、多少なりとも何かしらの〝しのぎの削り合い〟を他社と行なうことになります。

ちょっと有名になったからといって胡坐をかかず、トップランナーであり続けるための工夫や努力は重ねてください。そうすることで、変わらず愛してくれるコアなファンの熱量はさらに上がり、あなたを助けてくれるでしょう。

BIGOLIのボロネーゼがイタリアン系ファミリーレストランチェーンによって見事

に真似されたとき、お客様が教えてくれたとお伝えしました。そのときの忠告のニュアンスは次のようなものでした。

「こんな〝もどき〟商品を出している店がありますよ、ヤバくないですか？　僕らはわかってるからいいけど、いきなりこれを食べた人があとからBIGOLIを見たら、こっちが真似したみたいで癪《しゃく》に障《さわ》りますね」

このようなロイヤルカスタマーがいることで、ブランドは愛され、守られ、あなたのプレミアムリッチ商品も末永く生き残っていくことができるのです。

お客様との関係性を維持することも、手間のかかることの1つかもしれません。ですが、最終的に私たちは「お客様ありき」の商売をしています。ブランドを貫き、そこに共感してくれるお客様を大切にすべきなのは、言うまでもないことでしょう。

第8章

プレミアムリッチ商品の出発点は「遊び心」と「好奇心」

「みんな」から好かれる店を目指すか、「誰か」から好かれる店を目指すか

前章までで、一点突破×プレミアムリッチ戦略で「○○を買うならここ」とお客様に想起されるために、一人メーカーや店舗がどのような思考や方法論で商品を開発・展開していけばいいか、についてお伝えしてきました。

私自身はBIGOLIで一点突破戦略の実践を展開してきたので、事例にボロネーゼが多く出ることになりました。

ただ、こだわり商品を世に広めていく真髄は、プレミアムリッチ商品共通なので、他の商材でも充分参考にしていただけると思っています。

本章では、本書の締めくくりとして、商売を営む「心構え」のようなものや、商品がある程度軌道に乗ったあとの展開方法を紹介します。

商品展開を行なっていく上でまず大事にしてほしいのは、あなたのプレミアムリッ

チ商品を**「誰に届けたいか」**ということです。要は、ターゲット設定です。

既存店舗で新商品を開発するのか、あるいはゼロから立ち上げて一人メーカーになるのか、道はそれぞれだとは思います。その際、「みんな」から好かれる商品・サービスを目指すのか、特定の「誰か」から好かれる商品・サービスを目指すのかはあなた次第となります。

言うまでもなく、私のおすすめは後者です。

みんなから好かれる飲食店の代表格は「ファミレス」でしょう。弁当なら「幕の内弁当」、服飾では「ユニクロ」かもしれません。

もちろん、みんなから好かれるということは、世の中の多くの人に必要とされていることになります。

それ自体は良いことなのですが、みんなを狙ってしまうと、あえて選ばれる商品・サービスになりにくいという問題が発生します。無難であり、外れが少なく安心、選ばれる際には「とりあえず」という枕詞がついたりします。つまり「これがいい！」ではなく、「これ〝で〟いい」という位置づけになりやすくなります。

さらに言うと、みんなに好かれる商品・サービス展開をしている店は、どうしても立地に左右されてしまいます。

多くのファミレスが郊外にあったり、ロードサイドで駐車場完備だったりするのは、好みがバラバラになりがちな家族や、遠出したときに「とりあえず近場で食事をしよう」という消費者を狙っているからです。

このような戦略は、ブランドイメージが強固で、全国的な知名度を持っている大手企業やナショナルチェーンだからできる戦略です。やはり私たち弱者が採るべきは「みんな」ではなく「誰か」から好かれる戦略です。

揶揄《やゆ》的に捉えると、私たちはいわば「路地裏の存在」なのです。

行きにくい路地裏にわざわざお客様を引き込むためには、誰からも嫌われない「幕の内弁当」ではパンチに欠けます。例えば「胃もたれ必須のホルモン弁当」だったり「自家精米ヘルシー弁当」だったりすれば、路地裏にまで足を運ぶ誰かは見つかるかもしれません。

もちろん、そうなると、少ない分母の世界で勝負をしていくことになります。

わずかな「誰か」相手に商売を軌道に乗せるには、1人ひとりのお客様を感動させ、確実にリピートさせる必要があります。

ファンになってもらうために「えっ、何これ?」と思わせるモノづくりをするしかありません。だからこそ、こだわりやサプライズが含まれるプレミアムなものを作る必要があるのです。

その状態では、世の中の大半の人は見向きもしない可能性はあります。ですが、その反対側には「おもしろそう」と思ってくれる人も必ず存在します。

私自身、最初は立ち食いで男性ターゲットのパスタ店には一抹の不安がありました。実際にBIGOLIも、神田に店を出した初日のお客様はたった2人でした。集めたスタッフが4人でしたから、合計6食、そのうち賄いに4食のボロネーゼを作った覚えがあります(笑)。

ただ驚いたことに、そのうちの1人のお客様が次の日にまた来てくれたのです。

そうやって徐々にリピーターを増やし、数カ月かけて行列のできる繁盛店になっていきました。

あなたのプレミアムリッチ商品にも、求めてくれる「誰か」がどこかに必ず存在します。勇気を持って「みんな」を捨て、熱量が高い「誰か」を見つけるようにしてください。

個人店はあえて大手やチェーン店から「丸め方」を学ぶ

ここまで個人店や一人メーカーが取るべき策をいろいろとお伝えしてきましたが、実は大手やチェーン店から学ぶべきポイントもあります。

芸道・芸術における師弟関係の在り方の1つに**「守破離」**があります。

まずは師匠から教わった型を徹底的に「守る」ところから修業が始まり、研鑽を積み重ねたら外部のものと照らし合わせて既存の型を「破る」ことを行ない、双方に精通するようになったら、最終的には型から「離れる」ことで新しい流派を生み出していく考え方です。

これと同じで、大手企業やチェーン店は個人店とは真逆の道で勝っているので、**学べる型があれば学ぶべき**なのです。

むしろ、すべてがフリースタイルの個人店は、安定感や再現性が乏しいリスクがあります。大手から学んで、自分の店に馴染ませ、独自の型を再構築すればいいのです。

その学ぶべきものの1つが**「入り口のデザイン」**です。

分母の少ない市場で戦う個人店は、仮に集客ができたとしても、現実にお客様が入店をしてくれるかどうかの瀬戸際で、チェーン店に比べて不利になります。ただでさえ少ない母数のお客様を、入り口で取りこぼしてしまうのは、痛恨の極みでしょう。

人間は誰しも「知らないもの」に不安や恐怖を感じます。

世の中には無名だけど良いものはたくさんあります。「知名度が低くてあまり期待せずに入った店や貰ったものが予想外に良いものだった」という経験を誰しも一度はしたことがあると思います。

それでも、未知なものへのお客様の最初のハードルはとても高いため、良いものである可能性があっても、避けられてしまう場面があります。

私の提案は、**店舗の入り口の部分だけは大手企業やチェーン店に倣《なら》って〝丸く〟して、中身で尖っていく**ようにしましょう、ということです。

なお「入り口」というのは、単に店構えだけにとどまりません。**ポスターや看板、チラシ、メニュー、店内POPも含まれます。**リアル店舗を構えないのであれば、ホームページやSNSなどのネットメディアのトップページなども対象になります。

「丸くする」が意味するものは、前述の主張の逆で「みんなに好かれる」と同義と考えてください。

入り口は、店主のこだわりや手作り感を前面に出すのではなく、**癖がなく引っ掛かりが少ない見た目を意識**してください。要は「嫌なところ」がなくて、誰もが受け入れやすいデザインにするのです。

前述した路地裏の立地との掛け算で説明します。

「胃もたれ必須のホルモン弁当」に興味を持って、怪しい路地裏までわざわざ足を運んでくれたお客様がいるとします。ただでさえエッジが利いたコンセプトの弁当には「興味半分、疑い半分」という心情でしょう。そこでこだわり満載で思わず一見さんが怯《ひる》むようなマニアックな入り口が登場すれば、お客様は「疑い満載」となり、踵《きびす》を返すことにもなりかねません。

店内にすんなりと足を踏み入れてもらうには、**リスクの香りを消す**ことが重要です。あえて「みんなから好かれる」を意識して、お客様のアクション促進をする必要があるのです。

「丸くする作戦」に関連して、もう一例紹介しましょう。

私は神田の店を1年ほど運営して繁盛店にしたのち、イオンスタイル品川シーサイドのフードコートに店を移しました。

きっかけは、神田の店の常連さんにイオンの関係者がいたことです。「こういう店が新しい時代のフードコートには必要だ」という投げかけをいただき、進出が実現しました。

私自身もBIGOLIのボロネーゼを、誤解だらけの日本のボロネーゼ事情を変えるため、広めたいという想いがありました。そのためには、今より対象を広げる必要がありました。

例えば、ファミリー層なども押さえてオールターゲットに進化させるためには、個人店の看板ではあまりにも頼りないのでは？　と危惧していました。

当時の私は「フードコートで成功できたらBIGOLIも本物だろう。おもしろい試みになりそうだ」とチャレンジの意味も含めて出店を決断しました。

このように大手ショッピングモールのフードコートへの進出が実現したのも、大前提としてはプレミアムリッチ商品に絶大な自信があったからです。同時に、**可能な限**

り個人店には見えない店構えを意識しつつ、海外発のブランドのような雰囲気を醸し出してはいるものの、嫌味のない範囲にとどめました。

個人店は商品をどこまでも尖らせてもいいのですが、くれぐれも入り口ではお客様を警戒させないよう、大手に倣って「丸める」を心がけてください。

商売スタート直後は、遊びごころでお客様を惹きつける

BIGOLIが「知る人ぞ知る」存在から世間的に名前が広まったのは、2018年7月に国内最大級のTwitterまとめメディア「Togetter」の記事で取り上げられたことがきっかけでした。

その記事は「品川シーサイドのイオンにめちゃめちゃ潔いパスタ屋さんありけり」とのタイトルで、私の店の写真の他に、たくさんのお客様からのコメントが寄せられていました。「おいしかった！」「いろいろと攻めてる！」というありがたいコメントもあれば、「サラダはないんかい（笑）」「量がバカ」など、思わず笑ってしまうツッ

コミもありました。

このようなツッコミどころが多いことは、話題性を呼ぶためのちょっとした仕掛けとも言えます。なので、私はおもしろそうだと好奇心がくすぐられたことは、なるべくすぐに実行するプロセスを大事にしています。もちろん、すべてが奏功するわけもなく、試行錯誤の連続と思ってください。

一例で言えば、本書でも何度も登場する「BIGOLIのママ」と呼ばれる女性スタッフと手を組んで、少し変わった接客にチャレンジしたことがあります。

BIGOLIのボロネーゼは男性サラリーマンのお客様が多いのですが、その年代の人から見ると「BIGOLIのママ」は文字どおり〝町食堂のおかあさん〟的存在に映ります。彼女はサラリーマンに気さくに声をかけたりして、たいそうな人気者でした。

彼女のブロマイドを作り、来店のたびにくじ引きのように引いていただく。全6種をコンプリートすると1皿無料というキャンペーンを行なったのです。コンプリートを目指し、以前にもまして来店してくださるようになった常連さんも現れる事態となりました。ざっくばらんな接客をする姿は、ボロネーゼに新たな付加価値を与えるおもしろい化学反応を起こしたようです（笑）。

私自身も、神田の店の頃から夜はお客様と一緒に飲んで、ホストの真似事のようなことをしてみたりもしていました。とにかく「こうしたらおもしろいんじゃないかな？」ということをして、片っ端からトライ&エラーを繰り返していました。

本田宗一郎は「99％は失敗の連続。でも実を結んだ1％の成功が今の自分」と言っています。こんな言葉に勇気をもらいながら、エラーの山を築き上げつつも、次のトライに目を向けるようにしてきました。

傍から見たらいい加減な取り組みと映るものもあったかもしれませんが、イタリア人が納得するレベルのボロネーゼは譲らずに提供し続けました。

徐々にお客様から、「ここは変わったことばかりしているけど、味に関しては本物」「ふざけてるように見えるけど、実はちゃんと戦略的にやっている」とうれしい声をもらうようになりました。

誰かの評価が他の誰かに伝播し、徐々に人が集まるようになっていったのです。

私の場合、かつてエンタメ業界に従事していたため、「どうすれば人の心が動くか」については過去に勉強させてもらった経験があります。映画会社にいた人間だから言えますが、宣伝の仕事は「普通の映画であっても、ピカピカに見せる」要素が少なからずあります。

そして、人間には「明るいもの」に集まる習性があります。「観光」という言葉は「光を観に」と書きます。観光地はどれも非日常の光り輝くものなので、多くの人がわざわざ足を運んでくれるのです。

これを店に置き換えると、ピカピカと光り輝くものの1つは「人」です。弱者の戦略としては「人」をも武器に仕立て上げなければなりません。

ホリエモンが2017年のイベント「FOODIT TOKYO」にて「飲食店の究極の形は何だと思いますか？　僕がたどりついた結論はスナックなんです」と言っていました。スナックに通う人の目的は、ママに会うことです。

まさに、人に人が集まっています。商売を運営する人自身が光り輝くことで「会いに行きたい存在」になり、お客様が集まってくるのです。

お恥ずかしい事例なども紹介しましたが、もしあなたの商品に絶対の自信があるのであれば、事業スタート直後はおもしろそうなことに手を出してみてください。

ベタなことでも構いませんので、遊びごころを持っていろいろとトライ&エラーを繰り返してみてください。それらが話題を呼び、プレミアムリッチ商品を目利きできる人から「お？」と注目される可能性が広がります。

「そんな見せ方は本意じゃない」と思っていても、お客様がついてくるようになってからカッコ良く見せる方向へとシフトチェンジしていけばいいだけです。

「人」の力も活用しながら、最初は自分がワクワクするものを追求していきましょう。エクセレントカンパニーの階段の一段目は、実は創業者の遊びごころや好奇心だったりするのです。

自分だけが儲かるのではなく、かかわる人みんなで幸せになる

ワクワクすることやおもしろいことを試しながらも、可能な限り商品やプロセスを磨き込み、やるべきことを絞り込んでいく。そうすると、やがて時間に余裕が生まれ、物理的・精神的・空間的にも余裕が生まれるようになってきます。

私自身、仕事はいろいろとやっていますが、基本的にはそこに遊びを絡ませて楽し

みながら日々を送り、その様子をFacebookに投稿したりしています。投稿だけを見た人からは「石川さんはずっと飲んでばっかりですね」と言われることもありますが、ちゃんと遊びと仕事が両立できる日々を過ごせています。

遊びと仕事を良い塩梅で絡ませることで、私の場合は「次にやりたいこと」が見えてくるのです。

私のやりたいことはBIGOLIのボロネーゼのさらなる追求と、新たな提供形態へのチャレンジです。少しだけ、今後の展開について話させてください。

この本を執筆している2023年現在、BIGOLIでは新しいボロネーゼソースを開発しようとしています。

私としてはBIGOLIのボロネーゼは日本一を目指すのはもちろんのこと、世界にも広めていきたいという野望があります。その新たな武器として、1食5000円くらいするようなレトルトのボロネーゼソースを作ろうと現在画策中です。そこまでやれば、日本の頂点に立つことができ、世界も視野に入って来るのではないかと目論んでいます。

ただ、それは私1人ではできません。協力してもらう多くの方の力が必要です。

何度もお伝えしていますが、ボロネーゼは「肉料理」です。食べたときに口の中でゴロゴロとした肉の食感を感じられるのが醍醐味の1つです。その肉そのもののクオリティを、もっと追求していこうと考えています。

日本には近江牛をはじめ、松阪牛、丹波牛、神戸牛、宮崎牛など数々の素晴らしいブランド牛が存在します。もしもこれらのブランド牛とBIGOLIが手を組んだら、今以上の「超プレミアムリッチ商品」が生まれると考えています。

私はこの「コラボレーションする考え方」は、商売を展開する上でとても重要だと考えています。日本全国各地にある名産品や特産品、地場で強いものとコラボしていけば、BIGOLIだけではなく、その生産者や地域全体から応援をもらえます。販路もBIGOLIだけではなく、それにかかわるすべての人が販売先になり、一緒に盛り上がっていくことができます。

超プレミアムリッチなグレードのボロネーゼを作るためには、ブランド牛以外にも、トマトやセロリやニンジンなどの香味野菜も材料として必要になってきます。それらを全国ナンバー1の生産者や事業者たちとコラボして、一緒にこだわりあふれる超プレミアムリッチ商品をプロダクトアウトしていこうと考えています。

この試みの根底には、自分だけが儲かるのではなく、みんなで新しい何かを作り上げ、みんなで手柄を分け合う考え方があります。

ブランド食材をふんだんに使った超プレミアムボロネーゼは、パッケージを開けると、商品だけではなく小冊子のようなものが入っています。

それはすべての生産者の方々のこだわりや人柄、作り手としてのプライドや想いが詰まったパンフレット。「このボロネーゼを作り上げるためにこれだけの人がかかわっている」という証です。しかも、お客様の口の中に入る食材すべてがトレーサビリティ（追跡可能）が担保されていることは安心感にもつながることでしょう。

これまでお伝えしたように、昨今の社会変化を受けて消費者は「より体に良いもの」を求める傾向があり、そんな商品にはお金を惜しみなく投入する傾向にあります。今後もきっとその傾向は続くと予想しているため、これからの時代の潮流にもマッチした商品だと自負しています。

これはあくまでも私の例ですが、あなたもプレミアムリッチ商品を作り、世の中に広めていけた段階で、ある程度はお金と時間から自由になれるはずです。経済的自由と時間の自由を手に入れると、しがらみを捨てて「本当にやりたいこと」や「次にやりたいこと」が見え、そこに集中できるようになります。

その世界では、余計なことや不本意なことをする必要はありません。

あなたは自分がワクワクすることに集中し、それによって自分も幸せになり、周囲の人もお客様も幸せにすることができるようになります。

「世の中にまだないもの」を知らせることがあなたの役割

本書の冒頭で「99％の日本人は、まだ本物のボロネーゼを知らない」とずいぶん偉そうなことを書きました。そもそも、本物のボロネーゼとは何なのかを整理したいと思います。

Wikipedia によると「正式名称はラグー・アッラ・ボロニェーゼ。刻んだタマネギやセロリなどの香味野菜をオイルで炒め、じっくり焼いた肉とワインを素材として合わせたイタリア料理のソースである。」とされています。

今の時代は、スーパーに行けばボロネーゼソースがレトルトで売られています。有名シェフ監修の冠がついているものもあったりします。

私が思うに、市販されているすべての「ボロネーゼ」がイタリア人が納得するような「本物のボロネーゼ」ではないと思っています。

見分け方は簡単です。パッケージを裏返し「砂糖」が使われていたら、それはボロネーゼではありません。もっと言うと、イタリア料理でもありません。実は、砂糖はイタリア料理では使用しないのです。

強いて言うと、アメリカ生まれの「ミートソース」です。私が知る限り、日本で市販されているボロネーゼにはすべて砂糖が入っています。そして、ワインよりもトマトを多量に使うのも、和製ボロネーゼ＝ミートソースの特徴です。

海外旅行をしたとき、現地で入った日本食レストランで奇抜なアレンジが施された日本食を食べて、驚いた経験がある人は多いでしょう。海外だから仕方がない、とあきらめるでしょうが、同じようなことが日本でも起こっていたのです。

イタリア人が日本に観光に来てボロネーゼを頼んだら、出てくるのは似ても似つかないケチャップのような味わいの和製ボロネーゼ（ミートソース）。「何だ、これは？」と言って首をひねることでしょう。ちなみに、イタリアではケチャップも使いません。

私は2016年から、イタリア人が納得する本場のボロネーゼを日本に導入することに力を注いできました。

日本にはまだなかったものを知らせることは、言ってみれば、ある種の〝挑戦〟であり、〝おもしろいこと〟だと思います。

振り返ると、私自身が初めて本場のボロネーゼを食べたとき、「何これ!?」と衝撃を受けたことを覚えています。和製ボロネーゼのような甘ったるさや、トマト感がなく、これはパスタの顔をした肉料理だと感じました。日本人の既成概念を覆すこの味を前に、これを広めよう、挑戦する価値があると強く感じました。

そんな本場のボロネーゼは作るのにも手間がかかりますが、食材にもお金がかかります。本当にたくさんの肉を使いますから、必然的に原価が上がって、提供価格も上がります。実際に私がレシピを教えてもらったシェフからは「本物のボロネーゼを忠実に作ったら2000〜3000円くらいで販売しないと割が合わない」と言われました。

私はそのとき、「何かやり方があるはずだ！」とちょっとした闘争心が湧いたのです。

それまで自分が本物のボロネーゼを知らなかった――つまり、ほとんどすべての日本人が本物のボロネーゼを知らない。

ボロネーゼは肉料理で、すごくおいしい。ほとんどの日本人の知らないことを、早く伝えなければいけない。伝えることは、驚きを与えること。日常でも驚かすことが好きな、サービス精神旺盛な私にとって、これは自分の役割だと感じました。

一点突破でプレミアムリッチ商品を開発し販売することは、単に新しいビジネスを始めるというだけでなく、**「世の中にまだないもの」を発見し、世の中に宣伝・啓蒙していく行為**に他なりません。

その挑戦はとてもダイナミックで、クリエイティブです。「どうすれば実現できるか？」を考える日々の連続です。その中で人と人がつながってアイデアが生まれ、解決策につながり、最終形として**「ここにしかないたった1つの商品」**が誕生します。

本書をお読みいただいた方々には、ぜひともそんな挑戦を始めてほしいと願っています。大げさかもしれませんが、私のボロネーゼのようにあなたが何かを発見できれば、数年後の日本はもっとエキサイティングな世界へと変貌しているかもしれません。

「世の中にまだないもの」——これをお客様に知らせることが、あなたの役割です。

おわりに――「本日もボロネーゼしかありません」

最後まで読んでくださり、ありがとうございました。

私が飲食業界に入って約7年が経ちました。この業界に来て思うのは、「とてもクリエイティブな業界だ」ということです。

「おいしいものを追求する」という職人的な側面があるにもかかわらず、かといってコツコツと裏に籠って表に出ないのかと思いきや、接客・サービスというおもてなしの心も必要ですし、さらに言うと、集客や宣伝などの広報的能力も必要になる。

簡単に始められ、ハードルが低い業種と思われがちですが、「職人」「エンターテイナー」「経営者」といった3つのセンスがないと継続することが難しい。

お客様の口の中に入るものを扱っている重責を負っているにもかかわらず、日本では社会的地位はあまり高くなく、いつも不人気職種の一角を担わされています。

ただその分、得られる喜びは大きい。お客様が自分の作った商品を口にして「おいしい！」と言ってくれたり「何これ、食べたことない！」と驚いてくれたり、「そうそう、これが本場の味。日本で食べられるようになって良かった！」と言ってくれたときには、形容しがたい喜びがあふれます。

ビジネスの世界には「ビジネスセンス」という言葉があります。

飲食業は「お腹と心を満たす」商売です。さらに、お客様の口の中に入るものを扱う、とても大きな責任を伴う商売です。

私個人は「口の中に何が入るのか？」を人一倍気にする性格だと思っています。そして、それは店選びにもつながりますし、自宅で料理をする際にも気になります。

ちなみに飲食の世界では「原価30％」というワードが一般的なのをご存じでしょうか？

仮に1000円の料理をお客様に提供するなら、食材の原価は300円にとどめておかないと商売として長続きしないよということです。

でも、私がお客様側だとすると、300円ではなく、400円、500円とかけてほしいと思います。そこでBIGOLIの場合は、お店での仕込みをゼロにしたり、調理から提供までの一連の動きを最速化したり、洗い物を最小限にしたり、メニューをボロネーゼだけに絞ることで、ロス（廃棄）もゼロにしました。このような工夫をして原価率を50％に近いところまで持っていきました。

そう、お客様にとっては、仕込みや調理など＝「裏側の手間」よりも、安心・安全、贅沢な食材＝「中身」こそがすべてであって、そこにお金を払いたいのです。

そうして、原価が高くても利益が生まれる構造を作りました。さらに、現場での手間暇がかからないことによって生まれた肉体的・精神的余裕を、より良いお客様へのサービスに使うことができると考え、これまで実践してきました。

これが、私なりのビジネスセンスなのだと思っています。

これはあくまでも私の話ですが、読者のあなたには、本書をきっかけにぜひビジネスセンスを磨いてもらいたいと思っています。

飲食業に限らず、多くの商売で失敗する例に共通するのが、「特徴がないため、差別化できず、どこにでもある普通の商売となり、価格競争に巻き込まれて苦しんでいる」でしょうか。

元々私はＩＴ系エンジニアです。その知識をベースに、これまでいくつかの大手企業で新規事業や事業開発、構造改革といった仕事をしてきました。そして現在は、事業創出・業務改革コンサルタントをしており、このBIGOLIはこれまでの自身の考えを具現化したものです。

BIGOLIはこれからも少しずつ大きくしていきますが、これまでも今後も、加盟店をむやみに増やすつもりはありません。何事も凡事徹底の気持ちで、ゆっくりと商売を続けます。

その代わりと言うわけではないですが、飲食業に限らず、業績不振や特徴が見いだせない中小企業経営者さまを助けたい。１日限りの「壁打ちビジネス創出」から、「ガッツリ業績改善提案」のお手伝いまで、幅広く全国の方に提供していきたいと思っています。

ただ、こんなふうに書いていても、本心を言うと、私はヒントを与えるだけ。あなたには「自らの力」で業績アップを実現してもらいたいと思っています。

なぜなら、自分の組織、自分で立ち上げた看板だからです。

自分のアイデアでまったく新しい商品を生み出し、それを市場に出して賞賛される喜びを味わってもらいたいと思っています。

そのためには、業態を少しズラしたり、バッサリ切ってみるのも良いでしょう。ヒントだけでも、誰かから教えてもらうのでもいいかもしれません。まったく新しい何かと掛け合わせて考えるのもいいかもしれません。

そうやって他にない商品やサービスを開発し、とことんまでこだわる一点突破の戦略で、市場を勝ち抜いてほしいと思います。あなたのクリエイティブな仕事を楽しみにしています。

本書を最後まで読んでくださったあなたの未来への挑戦が、より良い形でうまくいきますように。

2023年3月

石川潤治

【著者プロフィール】
石川潤治（いしかわ・じゅんじ）
株式会社ジェイ・イシカワ 代表取締役社長。事業創出・業務改革コンサルタント。
1970年大阪府大阪市生まれ。学生時代に30種のアルバイトを経験。当時より、起業の夢を抱く。大学時代から起業したり会社員になったりを繰り返し、1999年、PCCW JAPAN（香港・通信事業者）に入社。ブロードバンド事業の創出をする新規事業開発室長を務める。2001年、株式会社ジェイ・イシカワを創業。自身が持つ特許（2002-320045）リース・管理および、事業創出コンサルの道を歩み始める。2002年、ワーナー・ブラザース・ジャパン（米国・映画メジャー）入社。部門のDX化を軸に業務改革を推し進め、クリエイティブシニアマネージャーを務める。2011年、株式会社ワールド（国内・アパレル）入社。業務改革推進本部・物流統括部長を務める。2016年、長年に渡るコンサルティングで軸としてきた「一点突破による売れない時代の売れる戦略」を具現化すべく、ボロネーゼ専門店ブランド「ビゴリ」を立ち上げ。ボロネーゼという単一メニューだけのフランチャイズで30店舗もの加盟店を有し、各大手メディアでも取り上げられる。現在、「中途半端を捨て一点突破」「ファンダムに不況なし」などをモットーに、40社を超えるさまざまな業界のコンサルティングを行なう傍らで、個人の方々に独立や転職を有利に進める実践的手法の勉強会を定期的に開催。社業理念は「スピード、柔軟性、一点突破力を発揮し、小よく大を制す」。

HP：https://bigoli.jp/

たった1つの商品で利益を上げる

2023年4月22日　　初版発行

著　者　石川潤治
発行者　太田　宏
発行所　フォレスト出版株式会社
〒162-0824 東京都新宿区揚場町2-18　白宝ビル 7F
電話　03-5229-5750（営業）
　　　03-5229-5757（編集）
URL　http://www.forestpub.co.jp

印刷・製本　日経印刷株式会社

ISBN978-4-86680-215-2 Printed in Japan
乱丁・落丁本はお取り替えいたします。

たった1つの商品で利益を上げる

読者の方に無料特別プレゼント

新規事業を考えるために必要な3つの視点

（PDF ファイル）

著者・石川潤治さんより

事業創出・業務改革コンサルタントとして、さまざまなアドバイスをしている著者・石川潤治さんが「新規事業を考えるうえで必要なエッセンス」を解説した書き下ろし原稿を無料プレゼントします。本書の読者限定の無料プレゼントです。ぜひダウンロードして、本書とともにご活用ください。

特別プレゼントはこちらから無料ダウンロードできます↓

https://frstp.jp/bigoli

※特別プレゼントは Web 上で公開するものであり、小冊子・DVD などをお送りするものではありません。

※上記無料プレゼントのご提供は予告なく終了となる場合がございます。あらかじめご了承ください。